LE GUIDE DE L'HARMONISTE

Typographie & Lithographie, A. MACABET, à Villedieu (Vaucluse)

LE

GUIDE DE L'HARMONISTE

HARMONIE RAISONNÉE & PRATIQUE

PRÉCÉDÉE DE NOTIONS ÉLÉMENTAIRES DE L'ART MUSICAL

COURS COMPLET

En soixante-cinq Leçons, suivies de Questionnaire, d'Exercices ou Partimenti avec leurs
Corrigés, d'Analyses et d'Exemples sur tout ce qui se rapporte à l'étude de l'harmonie
et de l'accompagnement,

PAR

JULES ROMETTE

SECONDE PARTIE

HARMONIE DISSONANTE AVEC RÉALISATION ET CORRIGÉ DES EXERCICES.
DONNÉES COMPLÉMENTAIRES, EXEMPLES ET MODÈLES.

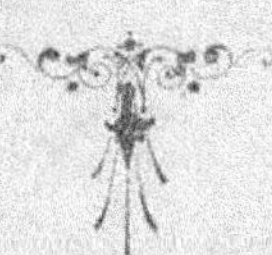

Musica ad admonitionem magna-
rei...mortalibus dei largitate conces-
sa est.

S. AUGUST.

La bonté divine a donné la musique
aux hommes pour leur montrer la
grande harmonie de sa providence.

S. AUGUST.

TOME II

EN VENTE

Chez l'Auteur, au **BARROUX**, par Malaucène (Vaucluse)
(1897)
FRANCO : **5** fr.

LIVRE I

DEUXIÈME PARTIE

HARMONIE DISSONANTE NATURELLE

En abordant les matières de l'Harmonie dissonante contenues dans ce second volume, il est bon de se rappeler qu'un Traité d'Harmonie n'est pas un livre qu'il suffit de parcourir ou même simplement de lire, mais qui doit être étudié avec réflexion et travaillé avec soin.

Ne passez pas légèrement sur les leçons qui vous sont exposées ; assimilez-vous en le contenu, et faites chaque jour au moins un des exercices indiqués.

L'expérience apprend vite que les progrès sérieux sont étroitement liés à une étude approfondie et qu'ils dépendent surtout de l'application persévérante au travail des exercices.

PRÉLIMINAIRES

Régles fondamentales du bon enchainement des Accords. Importance de l'harmonie théorique et pratique dans l'art musical.

Employer purement la langue musicale en ce qui concerne l'arrangement des différents sons représentant les voix humaines ou les instruments, en cela consiste *l'art d'harmoniser.*

Cette partie pratique de l'harmonie n'est que le couronnement de la théorie qui traite des conditions et des lois relatives à la concordance et au bon emploi des sons simultanés.

Les préceptes et les règles de l'harmonie consonante ont pour but principal d'apprendre à former et à *lier correctement les accords.*

Rappelons dans une vue d'ensemble les *règles fondamentales de bon enchaînement* exposées dans le Tome 1ᵉʳ.: elles permettront d'aborder avec plus de sûreté les notions de l'Harmonie dissonante qui doivent les compléter.

1. On peut faire entendre une suite d'accords parfaits à l'état direct moyennant les précautions suivantes :

(A) *S'il existe entre ces accords une ou plusieurs notes communes, celles-ci doivent rester immobiles ;* (B) *s'il n'y a pas de note commune entre les accords on doit faire marcher les parties, surtout les extrèmes, par mouvement contraire afin d'éviter les suites de Quintes justes.*

Les succesions les plus usitées sont celles des accords parfaits formés sur les degrés suivants : 1 - 5 ; 1 - 4 ; 1 - 6, 4 - 6.

2. En général, lorsque dans un enchaînement de deux accords parfaits le second est majeur la succession est bonne, même s'il n'y a pas de note commune. Mais si le second accord est mineur, la succession n'est admissible que dans les cas suivants : (A) S'il existe entre les deux accords *au moins* une note commune, (B) si, abstraction faite de cette condition, les lois de la tonalité ne sont pas enfreintes.

3. Il n'y a jamais de faute à faire entendre successivement les renversements d'un même accord.

4. Il est toujours permis de faire une série de Sixtes.

L'effet de cet enchaînement est doux, mais parfois un peu commun.

Les suites de $\frac{6}{4}$ au contraire sont dures et par conséquent prohibées, à moins que l'un des deux accords ne renferme le triton.

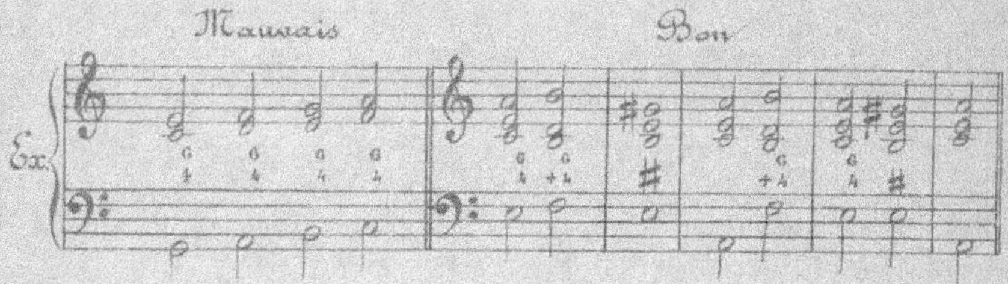

Observation. — L'harmonie peut être présentée sous forme *plaquée* ou sous forme *figurée*.

La forme est plaquée lorsque chaque note du chant est accompagnée par un seul accord.

Elle est figurée lorsque les notes du chant sont accompagnées soit par plusieurs accords ou par différents états d'un même accord, soit par une basse à dessins variés.

Pour juger de la correction de l'harmonie figurée il faut la plaquer, c'est-à-dire grouper par la pensée les notes et en former l'accord qui est censé accompagner chaque note du chant. Si elle est correcte envisagée ainsi on peut la tenir pour telle alors même qu'en apparence la forme écrite semblerait contenir des incorrections.

On ne doit jamais perdre de vue cette remarque en analysant un morceau.

Les octaves réelles écrites dans l'exemple A ci-dessus pourraient au premier aspect paraître fautives ; elles sont pourtant très-admissibles, car en supposant l'harmonie plaquée comme elle est écrite dans l'exemple B les parties ont une marche régulière.

La figuration harmonique peut adopter les formes et les dessins les plus variés.

On fera bien de s'accoutumer à la trouver dans les pièces musicales que l'on étudiera.

Il est important aussi de s'exercer à varier autant que possible la forme des accompagnements que l'on compose, en observant avec soin, au moment de changer d'accord, les règles d'enchaînement que nous venons de rappeler.

Un sentiment mélodique naturel et neuf, une harmonisation appropriée à ce sentiment, c'est-à-dire pleine, puissante, riche, vive, piquante selon le caractère de l'idée musicale exprimée, telles sont les qualités qui distinguent les belles compositions.

Qui ne sait qu'une mélodie heureuse mal accompagnée manque son effet et qu'une idée ordinaire harmonisée avec goût et distinction impressionne agréablement ?

Les notions de la science et les secrets de l'art doivent donc être familiers au Compositeur pour seconder son inspiration, l'enrichir et lui communiquer une vie, une puissance et un charme que le talent naturel seul ne peut donner.

LIVRE I

DEUXIÈME PARTIE

ACCORDS DISSONANTS NATURELS

1ʳᵉ. LEÇON

Notions générales sur l'Harmonie dissonante

L'harmonie consonante, formée d'accords *de repos*, (agrégations de sons n'ayant pas de rapport obligé avec d'autres), constitue le fond de l'harmonie, mais n'en développe pas tout l'objet. Les formules qu'elle fournit, quoique nombreuses et suffisantes pour rendre raison de la plupart des faits harmoniques, sont loin d'en présenter toutes les richesses.

La musique ne saurait se borner aux accords consonants sans devenir monotone.

Il lui faut d'autres ressources pour rendre les mouvements si variés du cœur, la passion et les transports de l'âme.

L'harmonie dissonante les lui offre : les accords que celle-ci fournit, quoique moins agréables par eux mêmes que les consonants, ne laissent pas de plaire s'ils sont bien liés avec les consonances et ménagés avec art. Ils sont un grand élément de richesse et de variété ; ils donnent de la vie et de la couleur à la composition.

L'harmonie dissonante dérive de l'harmonie consonante, elle n'en est que l'extension et le complément puisqu'elle se forme par l'introduction dans celle-ci, d'un élément nouveau, *la dissonance*.

Ce nouvel élément est un quatrième son qui s'ajoute aux trois notes constitutives de l'accord consonant et dont le caractère est *d'appeler à sa suite un autre accord avec lequel il s'enchaîne naturellement*. Ce son forme avec la fondamentale de l'accord où il s'introduit un intervalle de septième.

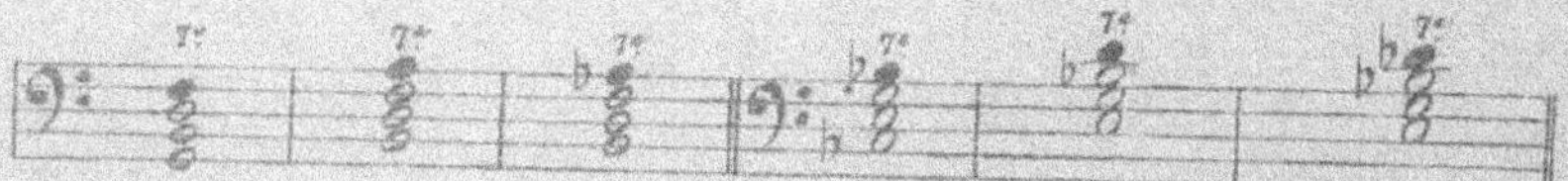

L'accord ainsi modifié par la septième n'est plus de ceux qui subsistent pour eux-mêmes, n'ayant pas tendance obligée à s'unir à d'autres : au contraire il est fait pour un autre ; il demande à lui être uni. En d'autres termes, il est devenu *dissonant*. Il représente *la marche* ou *mouvement*, tandis que l'accord consonant représente *l'arrêt ou repos*.

C'est pourquoi de même que celui-ci a reçu le nom d'accord *libre*, accord de *conclusion* ; ainsi l'autre a reçu les noms d'Accord *appellatif*, ou *acttractif*, *accord de mouvement*.

Les accords dissonants sont au nombre de cinq, savoir :

1º L'accord de septième de dominante. 7+

2º L'accord de septième de sensible du mode majeur $\frac{7}{5}$

3º L'accord de septième de sensible du mode mineur 7

4º L'accord de neuvième majeure de dominante 9

5º L'accord de neuvième mineure de dominante $\flat\frac{9}{7}$

En voici le tableau :

Comme nous l'avons dit, ces accords tirent leur origine de la résonance primitive du corps sonore (T. I, Leç. v. pag. 16.)

On peut les faire *sans préparation*, c'est-à-dire sans qu'on soit obligé *de faire entendre en consonance dans l'accord précédent leur note dissonante* ; et ils demandent à être suivis *immédiatement* ou *médiatement* de l'accord consonant que la dissonance appelle (V. infra Résolut. des dissonances.)

Privés de leur dissonance ils redeviennent consonants et sont soumis d'ailleurs aux lois de l'harmonie consonante qui reste toujours la base de toute harmonie.

Les notes dissonantes qui font partie de ces agrégations étant comme les autres notes constitutives, le produit naturel de la vibration du corps sonore, on donne à ces agrégations le nom *d'accords dissonants naturels* par opposition à d'autres groupements de sons où les dissonances n'entrent qu'à l'aide de procédés artificiels et sans en faire réellement partie.

Les premiers de ces accords, (accords réels et proprement dits), font l'objet de l'*Harmonie dissonante naturelle*.

Les seconds, (accords *artificiels et improprement dits*), font l'objet de l'Harmonie *dissonante artificielle*, et ne peuvent se faire sans préparation.

Nature et caractère de la dissonance. — Une dissonance quelconque suffit sans doute pour rendre dissonant l'accord qui la renferme.

Les notes étrangères au ton auquel appartient un accord dans lequel elles entrent accidentellement, comme la 3e dimin., la 5e et la 6e augmentées, sont évidemment dissonantes. Mais n'appartenant pas *naturellement* à cet accord, puisqu'elles sont étrangères au ton dans lequel celui-ci est formé, elles ne sont pas la cause réelle et déterminante du caractère dissonant dudit accord ; elles ne peuvent donc être considérées comme dissonances *essentielles ou constitutives*. Ce ne sont que des dissonances *accidentelles* ou *artificielles* résultant de l'altération passagère de quelque note du ton.

Les dissonances *essentielles et proprement dites* sont les notes qui par leur coexistence avec la fondamentale d'un accord de trois sons produisent naturellement et sans sortir du ton l'impression dissonante

Ces notes sont la 7e de la fondamentale de l'accord ou son renversement, la 2me maj., et, la 9me de la même fondamentale ; c'est-à-dire, la quarte et la sixte du ton.

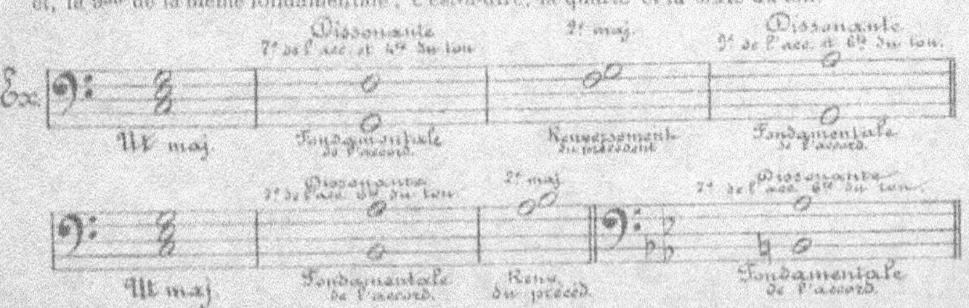

Ces dissonances appartiennent naturellement à l'accord dont elles font partie. Elles le complètent et en précisent le caractère tonal. Elles marquent avec netteté la relation existant entre l'accord attractif et l'accord conclusif, elles en affermissent l'enchaînement et resserrent ainsi plus étroitement les liens de l'harmonie.

Leur marche ou mouvement obligé sur la note qui les attire et avec laquelle elles ont une affinité intime est ce qu'on appelle résolution de la dissonance.

Résolution des dissonances essentielles ou constitutives. — *La résolution de la dissonance essentielle ou constitutive d'un accord dissonant naturel se fait sur le degré conjoint descendant, par intervalle de seconde, majeure ou mineure, selon le mode.*

Telle est la résolution *naturelle* ou *régulière* (Elle a été déjà indiquée dans le Tome I, Leçon 9me, pag. 31, à propos de l'acc. de 9.)

Exception. — Cependant cette dissonance peut exceptionnellement se maintenir en place et faire partie intégrante de l'accord suivant, ou bien, se résoudre soit chromatiquement, soit enharmoniquement.

C'est la résolution *accidentelle* ou *exceptionnelle.*

On verra dans la suite que les dissonances autres que celle-ci peuvent se résoudre contrairement à leur tendance naturelle soit en descendant d'un degré au lieu de monter, soit en montant ou en descendant par intervalles disjoints.

Remarque. — Le mot *résolution* ne s'emploie pas seulement pour désigner la marche ou passage de chaque dissonante d'un accord sur la consonante qui l'attire dans l'accord suivant : on l'applique aussi au mouvement de tout l'accord s'enchaînant, naturellement ou non, avec un autre. Ce dernier s'appelle accord de *résolution* ou de *repos.*

On voit que les mots *résolution de l'accord* sont pris alors comme synonimes d'enchaînement.

QUESTIONNAIRE

Quelles ressources l'harmonie dissonante fournit-elle à la musique ? En quoi consiste l'harmonie dissonante, et en quoi diffère-t-elle de la consonante ? Nommez les accords dissonants qui en sont l'objet ? Qu'appelle-t-on dissonance *essentielle* et dissonance *accidentelle* ? Quels sont les degrés du ton qui la constituent ? Exemples. Qu'appelle-t-on résolution de la Dissonance ? Résolution naturelle ou régulière ? Exemples. Résolution irrégulière ou exceptionnelle ? Exemples. Comment se divise l'Harmonie dissonante ?

EXERCICES

Transposer dans les 24 tons sur le clavier, les accords de la Leçon.

N.B. — Il est indispensable de s'accoutumer de bonne heure à transposer mentalement les exemples donnés, afin de ne pas hésiter lorsque l'on composera la plume à la main.

2ᵉ LEÇON

ACCORD DE SEPTIÈME DE DOMINANTE

Cet accord tire son nom de ses parties extrêmes. En effet sa note supérieure forme un intervalle de 7ᵉ avec sa fondamentale qui est la dominante du ton.

Il se compose d'une *tierce* majeure, d'une *quinte* juste, et d'une *septième* mineure, soit trois tierces superposées formées des sons d'une même gamme.

On le chiffre par 7 + ou 7.

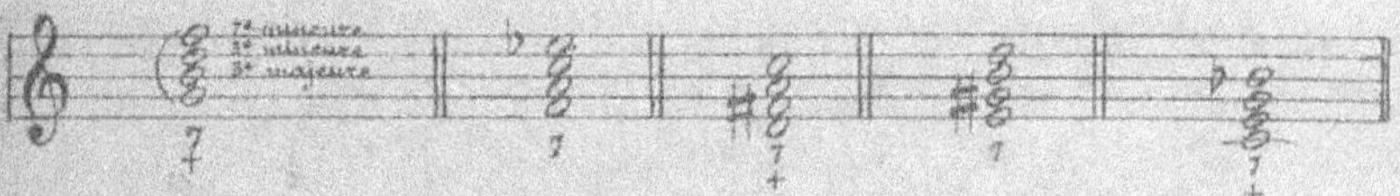

C'est l'accord parfait majeur surmonté d'une tierce mineure.

Il se place uniquement sur le 5ᵉ degré ou dominante des gammes dans les deux modes: car, tout accord identique élevé sur un degré quelconque autre que la dominante d'une gamme contient des notes étrangères à cette gamme et dès lors ne lui appartient plus

Cette propriété qu'à l'accord de septième de dominante de ne pouvoir appartenir qu'à un seul ton (majeur ou mineur homonyme) lui donne une importance exceptionnelle.

Il complète et accentue les cadences; il se prête admirablement aux modulations dont le rôle est si important dans la musique moderne, et possède une douceur que n'ont pas les autres accords dissonants.

Il forme avec l'accord parfait qu'il annonce, qu'il amène et qu'il est destiné à mettre en relief, le fond de toute harmonie.

Commun aux deux modes, *(majeur ou mineur)*, il n'exerce aucune influence sur la *modalité*, c'est-à-dire que son emploi dans une gamme n'indique ni si elle est majeure ni si elle est mineure, attendu qu'il peut se résoudre ou dans l'une ou dans l'autre.

Résolution. — En effet la résolution *naturelle* de sa dissonante, qui est la septième de l'accord et la quarte du ton, *(note appellative de sa nature)*, se fait comme dans l'accord de Quinte diminuée, *en descendant d'une seconde mineure dans le mode majeur, et d'une seconde majeure dans le mode mineur.* (V. Tom. I, Leçon 5ᵉ, Pag. 31).

La résolution *irrégulière ou exceptionnelle* se fait de diverses manières: soit *chromatiquement* soit *enharmoniquement*, comme nous l'avons dit dans la leçon précédente.

QUESTIONNAIRE

De quels intervalles se compose l'accord de septième de dominante? Comment se chiffre cet accord? Sur quel degré se place-t-il dans la gamme? Pourquoi ne peut-on le placer que sur la dominante du ton? Quelle est l'importance du rôle de cet accord? Quelle influence exerce-t-il: 1°, sur la tonalité; 2°, sur la modulité? Comment se fait la résolution de l'accord de 7+? Donnez un exemple de résolution naturelle? Y a-t-il des résolutions exceptionnelles?

EXERCICES *(Leçon 2ᵐᵉ.)*

Faire les résolutions de septième de dominante indiquées ci-dessous dans les 3 positions.

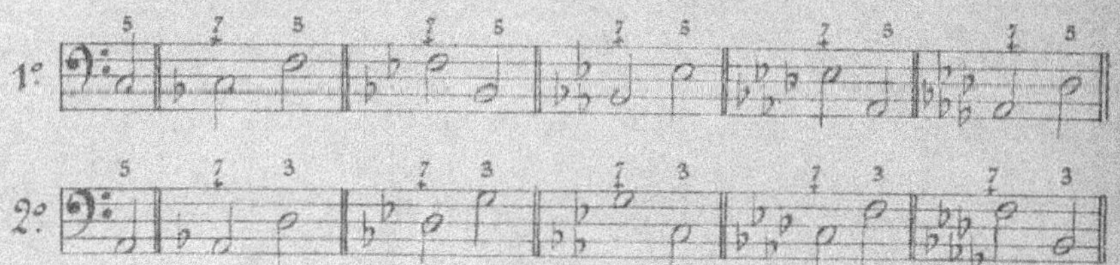

Voir Réalisation et Corrigé correspondants, à la fin du volume.

3ᵉ LEÇON

RENVERSEMENTS DE L'ACCORD DE SEPTIÈME DE DOMINANTE

L'accord de Septième de dominante, étant composé de quatre notes, a trois renversements.

Son premier renversement est *l'Accord de Quinte diminuée et Sixte.*
Il est formé d'une tierce mineure, d'une quinte diminuée et d'une sixte mineure.
On le place sur le 7ᵉ degré dans les deux modes.
Il se chiffre par 6/5 ou quelquefois par 5 seulement.

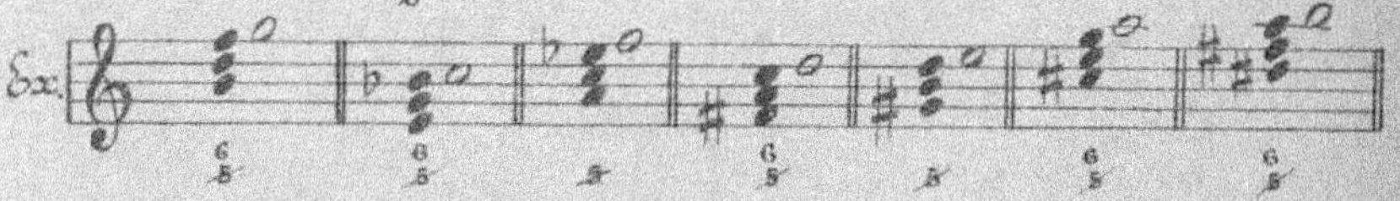

Son second renversement est *l'Accord de Sixte sensible.*
Il est formé d'une tierce mineure, d'une quarte juste et d'une sixte majeure; et se

place sur le second degré dans les deux modes. On le chiffre habituellement par +6, quelquefois par 6̸, ou même par $\frac{4}{3}$.

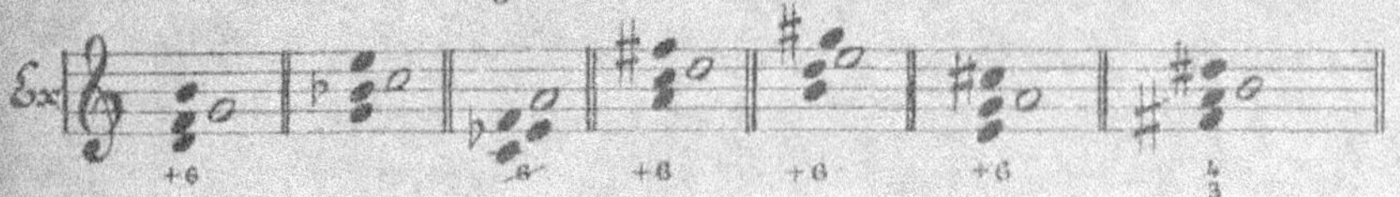

Son troisième renversement est *l'Accord de Triton* : +4 ou +2 ou 2.

Il est formé d'une *seconde majeure*, d'une *quarte augmentée* et d'une *sixte majeure* ; et se fait sur le 4e degré dans les deux modes.

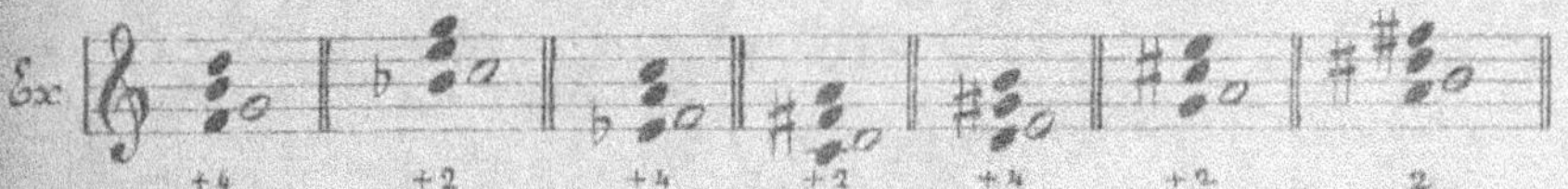

Le renversement n'altérant en rien le caractère attractif des notes à mouvement obligé, (tierce et 7e de l'accord qui sont la sensible et la quarte du ton), la résolution de ces notes s'effectue de la même manière que dans l'état direct.

Mais les changements d'état ou de position résultant d'un échange de notes entre les parties suspendant la résolution de l'accord, la conclusion n'est effectuée que par le dernier état.

Pour ramener à l'état fondamental un accord de 7 renversé on procède de la même manière que pour l'accord consonant : On descend successivement d'une octave chacune des notes de l'accord, jusqu'à ce qu'elles soient échelonnées par intervalles de tierces, l'accord ainsi obtenu est à l'état direct : sa note la plus grave est la fondamentale.

QUESTIONNAIRE

De combien de renversements l'accord de 7 est-t-il susceptible ? Nommez les. Quels sont les intervalles dont s'accompagnent ces divers renversements ? Comment chiffre-t-on ces renversements ? Sur quels degrés se placent-ils ? Les renversements de l'accord de 7 en modifient-ils la résolution ? Montrez par un exemple comment ils retardent la résolution de l'accord ? Comment trouve-t-on l'état fondamental de l'accord de 7 renversé ?

EXERCICE (*V. Corrigé corresp.*)

1° Écrire en variant les positions, les accords de 7+ des tons suivants : Si ♭, Ré, Mi, Sol min., La ♭, ainsi que leurs renversements. (V. corrig. correspond. à la fin du Vol.)

2° Jouer sur le clavier dans tous les tons majeurs et mineurs et dans les trois positions la formule suivante qui contient l'Accord de 7 et ses renversements.

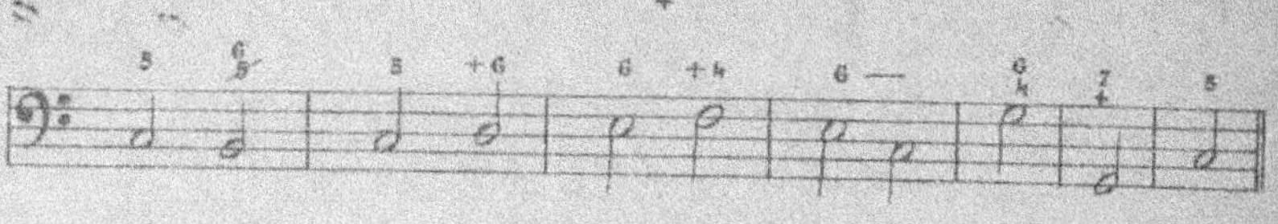

4ᵉ LEÇON

SUPPRESSION ET REDOUBLEMENT DES NOTES DE L'ACCORD DE SEPTIÈME DE DOMINANTE

En réalisant à quatre parties les accords dissonants naturels, qui sont formés de quatre sons, on est parfois obligé de retrancher une des notes qui le composent; et partant, de doubler l'une des notes conservées. Il faut alors tenir compte du degré d'importance que peuvent avoir les sons de l'accord.

Les notes caractéristiques de l'Accord de Septième de dominante étant la *fondamentale* et la *septième*, ces deux notes doivent toujours être entendues simultanément si l'on veut conserver la physionomie propre de cet accord; elles ne sauraient donc être supprimées. (V. Remarque plus bas).

La tierce de l'accord jouant un rôle assez prépondérant, vu sa qualité de sensible du ton, ne peut être supprimée que dans des cas fort rares. Mais la quinte qui n'est pas essentielle au caractère de l'accord peut disparaître sans inconvénient. C'est donc sur cette note que la suppression portera le plus souvent. Ex. A, A'.

Si cependant on veut conserver quatre parties il faut doubler l'une des notes de l'accord dissonant, par ex. la fondamentale ou la quinte. Ex. B, B'. (Dans l'exemple donné les noires représentent les notes supprimées.)

Mais on doit toujours éviter de doubler les notes à résolution obligée, savoir la *septième* et la *sensible* dont le redoublement produirait des octaves consécutives; à moins que le mouvement obligé de ces notes ne se trouve annulé par le cas d'exception de résolution.

REMARQUE

Sur la suppression de la fondamentale de l'Accord de Septième de Dominante.

Nous avons dit à propos de la suppression des notes de l'Accord de Septième de dominante qui nous occupe qu'on ne pourrait le priver de sa fondamentale ou de sa septième sans altérer la physionomie propre de l'accord. Mais il faut observer que si l'on retranche la fondamentale, les deux notes attractives (tierce et septième) qui subsistent sont suffisantes pour conserver l'impression dissonante. Ainsi dépourvu de ce son l'accord de Septième de dominante devient accord de 5. Il peut être considéré comme un fragment de Septième, ayant le caractère appellatif ou à mouvement obligé et demandant à être traité comme accord dissonant. (1)

Dans les exemples ci-dessus, les noires biffées indiquent la Fondamentale supprimée.

(1) Comme tel nous l'avons fait figurer cependant dans l'Harmonie consonante en indiquant sa tendance et sa résolution. (V. Tome I, P. 31)
Nous en avons usé ainsi, l'on doit s'en souvenir, afin de pouvoir pratiquement l'employer comme moyen de liaison entre les accords consonants dans les Exemples, et surtout dans les Exercices de la première Partie de l'ouvrage. Nous avons dit toutefois que l'accord de Quinte diminuée est mixte ou neutre, c'est-à-dire qu'il peut également remplir le rôle d'accord consonant et d'accord dissonant selon les conditions où il se trouve placé. (V. Tome I, P.P. 25, 31, 114, 108.) Ce dernier rôle est le plus fréquent, et l'on peut même dire qu'il lui est habituel.
L'autre est plus rare et en quelque sorte exceptionnel. Il a lieu dans deux circonstances: 1° *lorsque l'accord de 5 fait partie des marches d'harmonie et formules analogues*, où le sentiment tonal se trouve très-heureusement sacrifié à la symétrie; et 2°, *lorsqu'il est employé sur le second degré du mode mineur*. Dans ces deux cas si sa Fondamentale ni sa Quinte n'ont de marche obligée comme les dissonances, au contraire leur mouvement est libre et exempt de résolution. (V. Exemples P.P. 114, 130, Tome I.)

QUESTIONNAIRE

Quelles sont les notes que l'on doit supprimer de préférence dans l'accord de 7+?

Pour quelle raison certaines notes de cet accord ne peuvent-elles être supprimées?

Quelles notes doit-on doubler de préférence et pourquoi? Donnez un exemple du cas de suppression et du cas de doublement. Pour quel motif ne peut-on jamais doubler la *septième* et la *sensible*? Quelles sont les exceptions à cette règle? Donnez un exemple pour les différents cas?

Quel accord obtient-on par la suppression de la fondamentale de l'accord de septième de dominante? Exemples.

EXERCICE

Analyser les accords ci-dessous au point de vue des Leçons précédentes.

Ce travail consiste 1º à chiffrer; 2º à indiquer par un trait la résolution des notes attractives, et à désigner les suppressions et les redoublements de notes.

5ᵉ LEÇON

DES CADENCES AVEC L'ACCORD DE SEPTIÈME DE DOMINANTE

La cadence est un ensemble d'accords avec repos définitif ou seulement momentané de la phrase dont ils font partie.

Bien qu'il soit possible de terminer une suite harmonique avec les seuls éléments de l'harmonie consonante, on la termine beaucoup mieux à l'aide de l'accord dissonant.

Le caractère essentiellement conclusif de l'accord de 7+ est admirablement propre à compléter les cadences et à préciser le repos d'une phrase harmonique, la force attractive des notes à mouvement obligé qu'il renferme l'enchaînant irrésistiblement à l'accord de tonique.

L'accord de 7+ s'emploie pour toutes les cadences à l'exception de la cadence *interrompue* et de la cadence *plagale*. (1)

(1) La cadence interrompue ou imparfaite ne comporte pas l'accord 7++, la succession inévitable d'octave produite par la résolution de sa 7ᵉ sur la tierce du ton, le lui rendant incompatible (A). La cadence plagale n'impliquant jamais l'emploi de la dissonance ne saurait non plus être pratiquée avec cet accord.

Ex. de cadence interrompue avec accord de 7+

2 Octaves consécutives inférieures:
Sol { Alto
Sol { Basse
Mi { Alto
Mi { Basse

(A)

La cadence rompue ou évitée a lieu quand on substitue à l'accord final d'une cadence parfaite tout autre accord appartenant à une même tonalité ou à une tonalité différente.

AUTRES EXEMPLES (*Tonalité différente*)

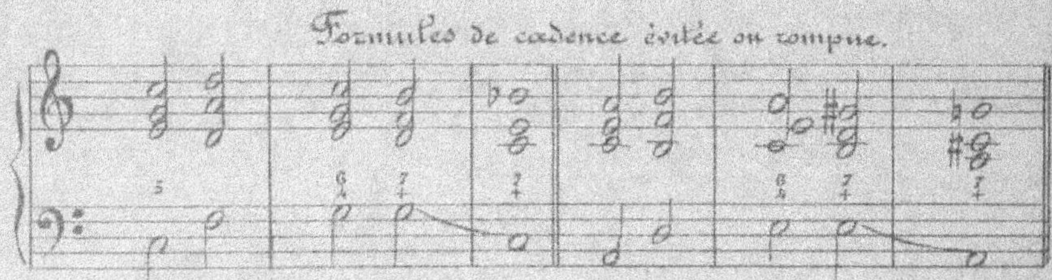

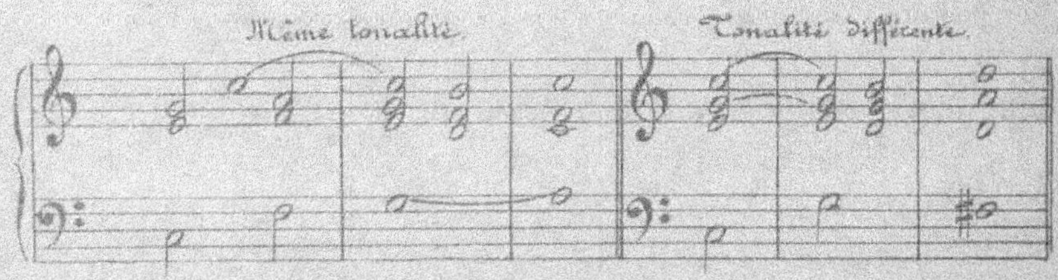

EXERCICE

Transposer les exemples de cadence donnés dans la Leçon, savoir : les majeurs, en Sol, Ré, La, Si ♭, Mi ♭, majeur ; et les mineurs en Mi, Si, Fa#, Sol, Ut mineur, sur le clavier ou sur la portée.

Chercher dans les œuvres que l'on possède les différentes cadences signalées dans la Leçon.

6ᵉ LEÇON

DE LA MODULATION AVEC L'ACCORD DE SEPTIÈME DE DOMINANTE

On se rappelle que *la modulation est l'enchaînement méthodique et régulier des accords appartenant à des tonalités différentes.*

Les notes les plus employées pour la modulation sont, nous l'avons dit, la *sensible* et la *sous-dominante* du ton où l'on veut aller. Ces deux notes faisant partie de l'accord de Septième de Dominante, cet accord et ses dérivés sont des meilleurs pour faire les modulations. L'introduction de l'élément dissonant dans la modulation n'en modifie pas les règles.

Modulation aux tons voisins d'Ut majeur.

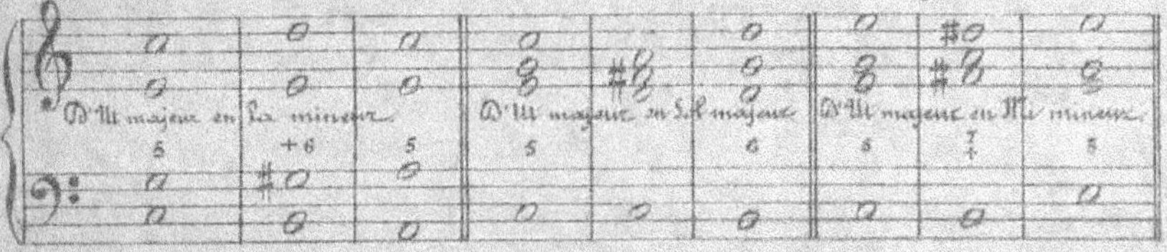

D'Ut majeur en Fa majeur. D'Ut majeur en Ré mineur.

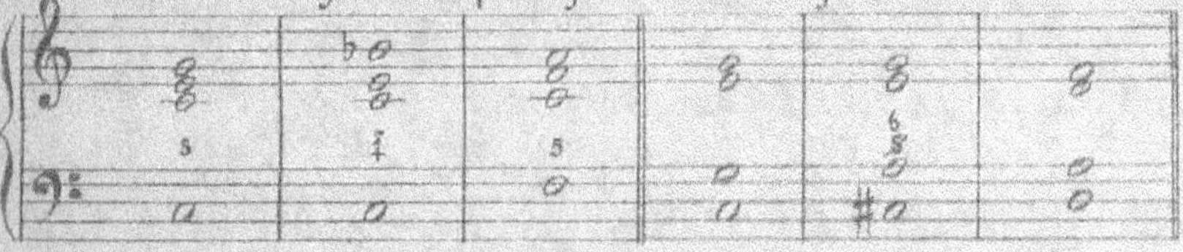

On voit que pour moduler il ne faut pas s'attacher à la nouvelle tonique, mais à sa dominante puisque dans la modulation l'accord de dominante doit précéder l'accord de tonique.

EXEMPLES DE MODULATIONS
aux Cinq Tons voisins de La Mineur

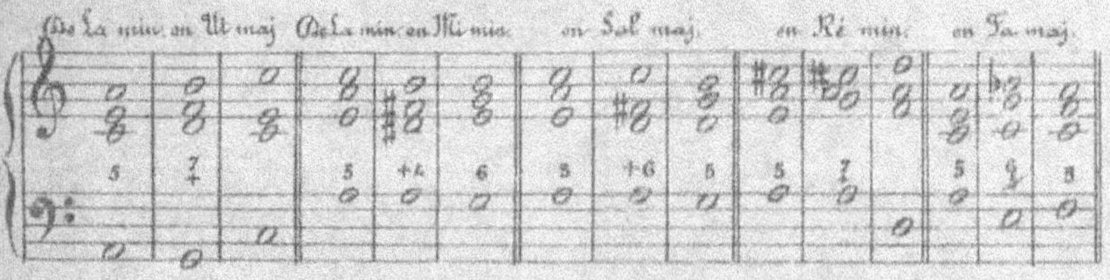

MODULATIONS AUX TONS ÉLOIGNÉS

Par l'accord de septième de dominante et ses dérivés on ne peut passer aux tons éloignés qu'au moyen de l'équivoque et des modulations intermédiaires.

EXEMPLES

DE MODULATIONS AUX TONS ÉLOIGNÉS

Ces mêmes accords sont souvent employés dans les modulations enharmoniques,
comme on le verra plus loin.

EXERCICES

1. Transposer les exemples de modulation donnés dans la leçon, savoir : les majeurs,
en Sol, Ré, La, Si ♭, Mi ♭, majeur; et les mineurs, en Mi, Si, Fa ♭, Sol, Ut mineur, sur
le clavier ou sur la portée.

2. Étudier l'emploi de l'accord de 7+ formant modulation entre les tons dans les formules de cadence parfaite. (V. Exemple correspondant à la Leçon 6ᵉ dans les Corrigés).

3. Chercher dans les œuvres que l'on possède les différents cas de modulation signalés.

4. Vu l'importance de l'accord de septième de dominante nous donnons dans les Corrigés, en forme de récréation, un fragment avec analyse au point de vue de l'accord qui
nous occupe.

On y trouvera: 1ᵉ le chiffre indiquant le degré de la basse, ce qui permet de reconnaitre immédiatement le ton; 2ᵉ le chiffrage des accords sous leurs divers états; 3ᵉ l'indication des cadences et celle des modulations.

7e LEÇON

DES MARCHES D'ARMONIE
AVEC L'ACCORD DE SEPTIÉME DE DOMINANTE

L'accord de Septième de Dominante est d'un emploi fréquent dans les marches d'harmonie. Il alterne ordinairement avec les accords consonants. Ses formules sont en général d'un grand effet; il importe de les connaître.

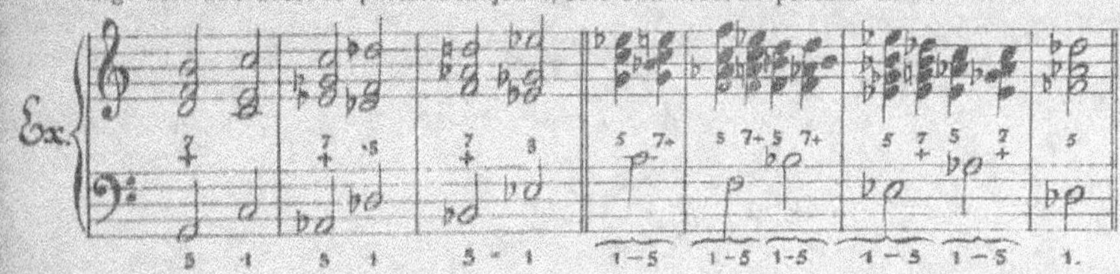

L'état fondamental est le plus en usage dans les progressions, et il s'y trouve mélangé soit aux accords parfaits majeurs, soit aux accords parfaits mineurs.

Cependant on le rencontre aussi à l'état renversé, soit sous un seul de ses renversements; soit sous ses différents états: (direct et renversés).

Quand les accords de Septième de Dominante se suivent sans interruption, c'est-à-dire sans alterner avec des accords d'une autre espèce, ils produisent une suite de cadences évitées. Les marches d'harmonie ainsi formées s'appellent *Marches de Septième*.

Les marches composées d'accords dont les fondamentales procèdent par 5te descendante ou 4te ascendante comme la précédente, sont les plus usitées. On peut les varier par l'emploi des renversements et leur mélange avec l'état direct.

Par contre, il est des marches inusitées à l'état direct, qui peuvent figurer à l'état renversé.

Comme on le voit, les marches de 7e sont toujours modulantes: à chaque reprise *le dessin originaire* y est transposé dans un ton nouveau.

Une marche de ce genre passant par les 12 tons majeurs et par les 12 tons mineurs, voire même par les 24 tons possibles s'appelle *Cycle d'Harmonie*.

Beaucoup de préludes et de versets d'orgues sont construits de la sorte.

Dans les marches non-modulantes on ne s'inquiète pas de l'attraction naturelle des notes tonales (sensible et sous-dominante). Le sentiment tonal est suspendu au profit de la symétrie. On emploie tous les accords même les moins usités, comme l'accord mineur du 3e degré du mode majeur.

On néglige la règle qui prohibe les fausses relations, mais il faut prendre garde toutefois d'abuser de cette licence.

---

* Cette simple suite d'accords peut donner une idée de la puissance et de la beauté de certaines marches modulantes.

QUESTIONNAIRE

De combien de manières emploie-t-on l'accord de Septième de Dominante dans les marches d'harmonie? Qu'appelle-t-on Marches de Septièmes? Quelle est la marche de septième le plus en usage? Qu'appelle-t-on *Cycle d'harmonie*?

EXERCICE

Écrire les marches suivantes à quatre parties; en désigner les modèles et les progressions.

Marche avec accords à résolution régulière.

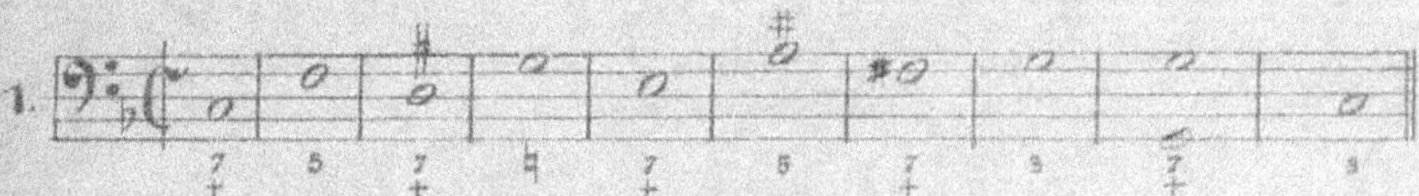

Marche avec accord à résolution exceptionnelle.

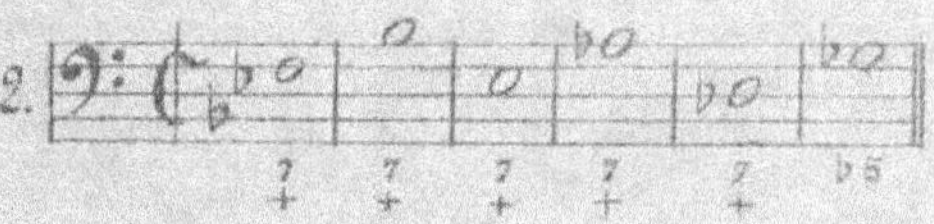

Chiffrer et réaliser les basses suivantes.

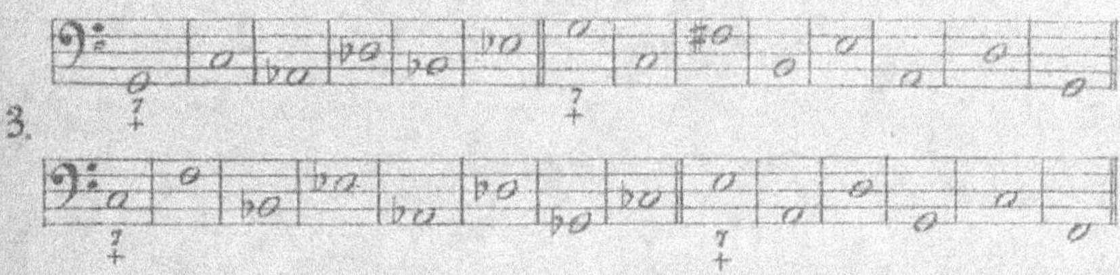

Chiffrer les Accords suivants et reconnaître les différents cas de la Leçon.

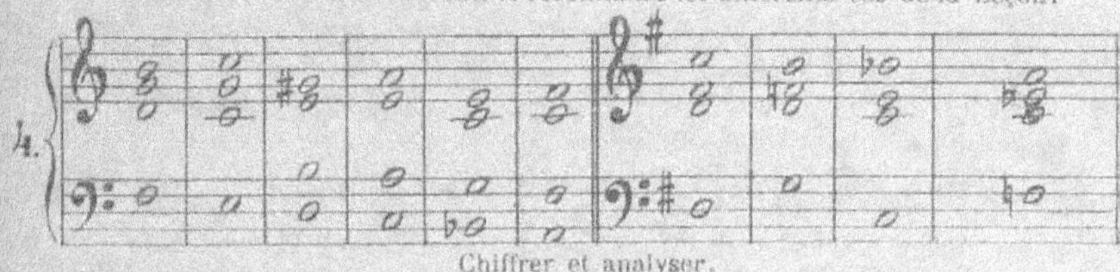

Chiffrer et analyser.

6. Transposer sur le clavier ou par écrit les exemples de la Leçon.

7. Chercher dans les œuvres que l'on possède les cas de marches d'harmonie avec emploi de Septièmes de dominante.

8ᵉ LEÇON

ACCORD DE NEUVIÈME DE DOMINANTE

Comme l'accord précédent, l'Accord de Neuvième de Dominante tire son nom de ses deux notes extrêmes. En effet la note supérieure forme avec la fondamentale, qui est la dominante du ton un intervalle de neuvième, majeure ou mineure, selon le mode.

Il se compose d'une tierce majeure (Sol, Si), d'une quinte juste (Sol, Ré), d'une septième mineure (Sol, Fa), et d'une neuvième redoublée (Sol, La, ou Sol, La♭).

Cette dernière note de l'accord est la sixte de la gamme à laquelle ce même accord appartient.

Comme l'accord de 7+, l'Accord de Neuvième de dominante se place uniquement sur le 5ᵉ degré ou *dominante du ton dans lequel on est*; car, dans une gamme quelconque, tout accord identique élevé sur n'importe quel degré autre que la dominante, contient quelque son qui n'est pas de cette gamme, ainsi qu'on peut s'en assurer dans l'exemple suivant où nous construisons cet accord sur les sept notes de la gamme d'Ut successivement, en signalant les notes qui lui sont étrangères.

De plus, les seules gammes d'Ut majeur et d'Ut mineur peuvent renfermer à la fois tous les éléments qui constituent cet accord dans les deux modes.

En effet, la réunion des notes (Sol, Si, Ré, Fa, La) déterminant sans équivoque possible la tonalité d'Ut naturel majeur, il est facile de voir qu'aucune gamme différente de celle-ci ne peut les contenir en même temps.

Pareillement, les notes (Sol, Si♮, Ré, Fa, La♭) groupées en un seul accord dans une gamme, marquant exclusivement la tonalité d'Ut mineur, aucune autre gamme que celle-ci ne peut les contenir simultanément.

CARACTÈRE ET EFFET HARMONIQUE
DE L'ACCORD DE NEUVIÈME DE DOMINANTE

A la différence de l'Accord de Septième de Dominante qui est commun aux deux modes, l'accord de Neuvième de Dominante ne leur appartient pas indifféremment car chaque mode possède son accord respectif, l'un majeur, l'autre mineur. Ces deux accords sont les seuls qui entendus isolément caractérisent à la fois le ton et le mode.

L'Accord de Neuvième de Dominante est le produit total de la vibration des corps sonores. (V. Introduction. Leçon 5ᵉ. T. I).

Il contient tous les autres, et présente dans son état direct *l'accord par excellence, l'accord le plus complet de tous*. On verra cependant que quoique très harmonieux il est difficile à employer surtout en valeurs brèves: son charme ne se faisant guère sentir que lorsque l'accord est d'une durée assez longue. Il est sonore et doux dans le mode majeur, plaintif et déchirant dans le mode mineur.

On le chiffre par $\frac{9}{7}$ ✛ ou simplement par 9 ✛ .

Quand un accident est nécessaire pour indiquer que la neuvième doit être majeure ou mineure on place ce signe devant le 9, ainsi qu'il suit ♭ $\frac{9}{7}$ ✛ , ou ♮ $\frac{9}{7}$ ✛

QUESTIONNAIRE

D'où l'Accord de Neuvième de Dominante tire-t-il son nom ? De quels intervalles se compose-t-il ? Pourquoi ne se place-t-il que sur la dominante ? Peut-il appartenir indistinctement à un ton majeur et à son homonyme mineur ? Quel est le caractère et l'effet harmonique de cet accord ? Comment se chiffre-t-il dans chaque mode ?

EXERCICE

Transposer sur le clavier ou sur la portée, les Accords de Neuvième formés sur chacun des degrés de la gamme, et les réunir en tableau comme dans la Leçon en prenant pour fondamentales les notes altérées: Ut ♯, Ré ♭, Mi ♭, Fa ♯, Sol ♭, La ♭, Si ♭, majeurs et mineurs.

9ᵉ LEÇON

RENVERSEMENTS DE L'ACCORD DE NEUVIÈME DE DOMINANTE

Résolution. – L'accord de Neuvième de Dominante se composant de cinq notes différentes est susceptible de quatre renversements. Ces renversements n'ont pas de désignation spéciale comme étant peu usités, du moins *avec fondamentale*, et surtout dans le mode majeur. Nous nous bornerons à les donner dans un tableau avec indication de leurs intervalles et de leurs chiffres.

Le chiffrage de ces renversements ne se rencontre presque jamais tel qu'il est ci-dessus, les accords qu'il représente n'étant pas ou presque pas usités dans cet état.

Il se réduit à celui des renversements de l'Accord de Septième de sensible ou Septième sans fondamentale, comme on va le voir; et se trouve de ce chef notablement simplifié.

RÉSOLUTION DE L'ACCORD DE NEUVIÈME DE DOMINANTE

L'Accord de 9+ , qui peut être attaqué sans préparation, fait sa résolution conformément aux règles générales données pour les Accords dissonants naturels. (Leç. 2).

Il se résout *régulièrement* sur l'accord parfait, *(majeur ou mineur)* de la tonique.

Ses notes à mouvement obligé suivent chacune leur tendance: la tierce monte d'un degré; la neuvième et la septième descendent du même intervalle.

Ces notes, conservant toujours leurs qualités attractives, leur résolution reste la même dans les renversements que dans l'état direct.

En se résolvant sur l'Accord parfait ou sur la Septième de dominante, l'Accord majeur de 9+ peut passer par la neuvième mineure, Ex. A. Lorsque l'Accord se résout sur celui de 7e de Dominante du ton voisin qui a pour fondamentale sa sous-dominante, ce qui produit une cadence évitée, la sensible descend au lieu de monter. Ex. B.

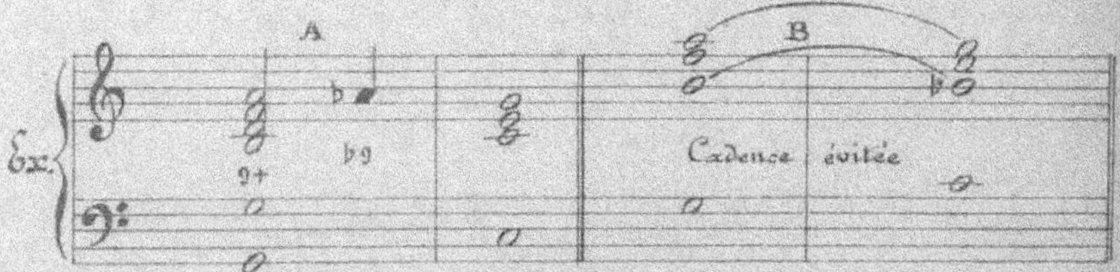

QUESTIONNAIRE

De quels intervalles se composent les renversements de l'Accord de 9 ? Comment chiffre-t-on ces renversements: Sont ils d'un usage fréquent? Quelle est la résolution naturelle de l'Accord de 9 ? Sur quel Accord se résout-il régulièrement ? Quel mouvement suivent ses notes à marche obligée ? La résolution de cet Accord diffère-t-elle dans les renversements? Exemples. Quel est le mouvement particulier de la sensible lorsque l'Accord de 9 se résout sur l'Accord de 7 du ton voisin?

EXERCICE

1. Tranposer dans les tons Sol, Ré, Fa, La, le tableau ci-dessus des renversements; et y ajouter l'Accord de résolution de chacun.
2. Même opération sur les Exemples de résolution donnés.

10ᵉ LEÇON

SUPPRESSION ET REDOUBLEMENT DES NOTES DE L'ACCORD DE NEUVIÈME DE DOMINANTE.
Règles spéciales de Réalisation

Les deux Accords de Neuvième de dominante se composant de cinq notes, on est obligé d'en supprimer une et quelquefois deux pour le réaliser à quatre parties.

Comme c'est la quinte qui influe le moins sur le caractère de l'accord on supprimera cette note, ce qui le rend d'un effet plus doux. Si l'on réalise à trois parties seulement on retranche encore la Septième ou la Fondamentale. (1)

A quatre parties — A trois parties

Quinte supprimée — Quinte supprimée — Quinte et septième supprimées

Les trois notes à mouvement obligé de l'Accord de Neuvième: *tierce, septième et neuvième de la fondamentale*, ne peuvent être doublées à cause des octaves consécutives qu'il en résulterait. (Nous devons toujours excepter le cas où ces notes resteraient en place comme faisant partie réelle d'un accord consécutif.) Mais il est permis de doubler la Fondamentale et la Quinte qui ont plusieurs résolutions. D'ailleurs ces cas de redoublement sont rares vu l'abondance de notes qu'offre l'accord; et il vaut mieux alors compléter celui-ci que répéter ses notes.

---

(1) Par la suppression de la fondamentale on tombe dans l'accord de Septième de Sensible, en majeur; et dans l'accord de Septième dominante en mineur. Ces deux nouveaux accords peuvent être considérés comme des dérivés de l'Accord de 9. — En raison de leur importance on leur consacrera une leçon spéciale. — Les exercices dans lesquels on emploie les renversements des Accords de Neuvième ou de Septième sont donc communs à ces Accords.

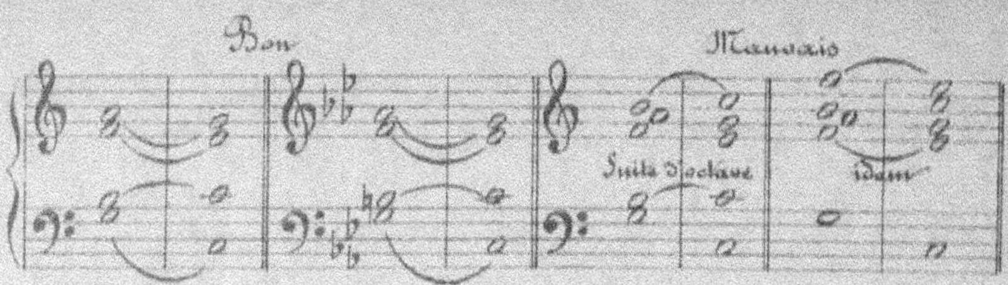

Toutes les observations que nous venons de faire au sujet des notes à doubler ou à supprimer s'appliquent aux différents états de l'Accord.

RÉALISATION SPÉCIALE DE L'ACCORD DE NEUVIÈME

L'Accord de Neuvième de Dominante déroge aux lois générales de réalisation qui régissent les Accords dont nous nous sommes occupés jusqu'ici, en ce qu'il *n'est pas susceptible de toutes les positions.*

Et d'abord, sa Neuvième doit rester à distance de 9ème simple ou redoublée de la fondamentale, Ex. A.; et ainsi, ces deux notes ne doivent pas se toucher en rapport de seconde, Ex. B.

De plus, cette même Neuvième doit toujours se trouver à distance de 7e de la tierce de l'Accord, en sorte que celle-ci ne soit jamais placée au dessus de la 7e, Ex. C et D.

Ces conditions, indispensables au bon effet de l'Accord, ne permettent donc pas le 4e renversement, même en cas de suppression de la fondamentale.

Quoique la Neuvième convienne surtout aux parties supérieures de l'harmonie, elle peut cependant se faire entendre au dessous de la Septième. Ex. E, E' suivants.

Dans le mode mineur elle peut même se placer sous la tierce de l'Accord; car l'effet produit par l'intervalle de seconde augmentée (La♭-Si), résultant de cette disposition, ne choque pas l'oreille comme celui de seconde majeure, Ex. F.

QUESTIONNAIRE

Quelles notes faut-t-il supprimer de préférence dans la réalisation de l'Accord de Neuvième de Dominante : 1°, à quatre parties; 2°, à trois parties? Quelles sont les notes qui ne peuvent être doublées dans le cas de résolution? Quelles sont les notes qui peuvent être doublées? Ces cas de redoublement de notes sont ils fréquents dans cet accord? Les règles de suppression et de doublement des notes sont-elles applicables aux renversements de l'Accord? En quoi l'Accord de Neuvième de Dominante déroge-t-il aux règles générales de réalisation des Accords? Que faut-il observer sur la position de la Neuvième?

EXERCICE

1° Analyser le fragment suivant au point de vue des préceptes donnés dans la Leçon.

Cet exercice consiste à chiffrer les Accords de 9 , et les renversements et à indiquer les suppressions ou les redoublements de notes de ces Accords.

2º Chiffrer les Accords de 9 + et renversements. Désigner les notes des renversements qui n'ont pas leur position primitive et dire pour quel motif.

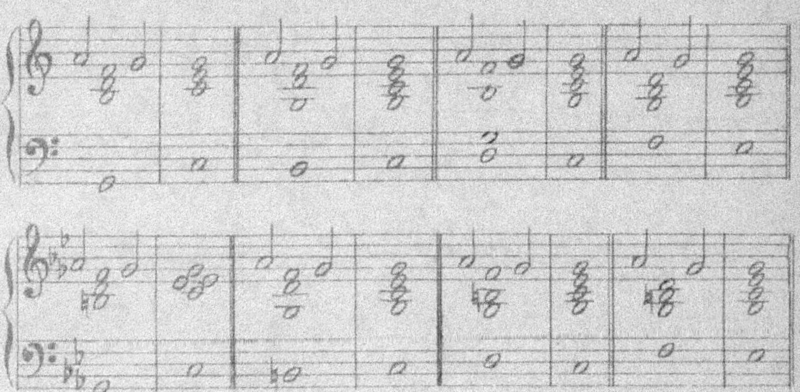

Observation. — L'Accord de Neuvième ne pouvant s'employer avec fondamentale dans ses renversements, et ces renversements privés de fondamentale étant chiffrés et désignés comme ceux des Accords de Septième de Sensible et de Septième diminuée, on ne peut guère s'exercer aux partimenti sur les Accords de Neuvième avant d'avoir étudié les Accords de Septième.

11e LEÇON

MODULATIONS ET CADENCES AVEC L'ACCORD DE NEUVIÈME DE DOMINANTE

La propriété qu'ont les deux Accords de 9 + de ne pouvoir appartenir qu'à une seule gamme (majeure ou mineure homonyme) leur donne une importance tonale considérable.

Tout ce que nous avons dit de l'Accord de 7 +, relativement aux modulations et aux cadences s'applique à ceux-ci. Ils servent à moduler, mais dans leurs modes respectifs seulement.

MODULATIONS AUX TONS VOISINS D'UT MAJEUR

D'Ut maj. en Fa maj. — D'Ut maj. en Ré min.

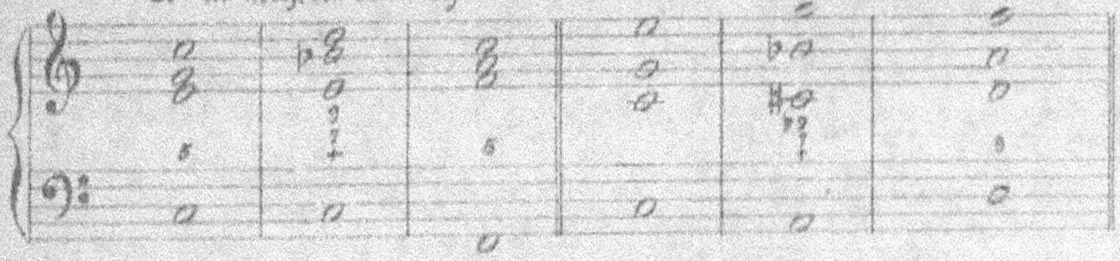

MODULATIONS

aux Cinq Tons voisins de La Mineur

De La min. en Ut maj. — De La min. en Mi min. — De La min. en Sol maj. — De La min. en Ré min. — De La min. en Fa maj.

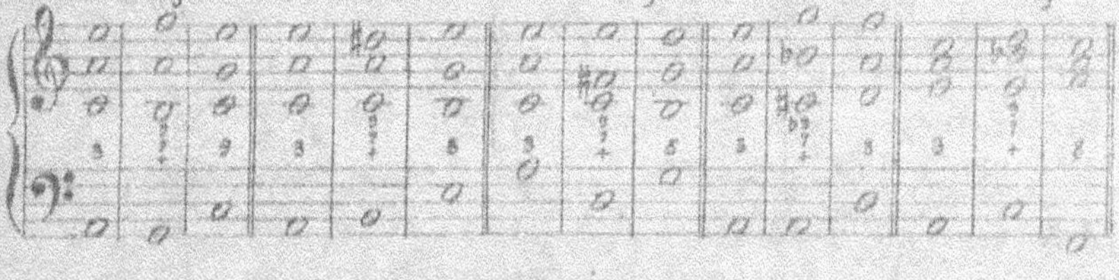

MODULATIONS AUX TONS ÉLOIGNÉS

avec les Accords de $\begin{smallmatrix}9\\7\\+\end{smallmatrix}$ et de $\begin{smallmatrix}\flat 9\\7\\+\end{smallmatrix}$ de Dominante

D'Ut majeur en Fa ♯ min. par modulations intermédiaires.

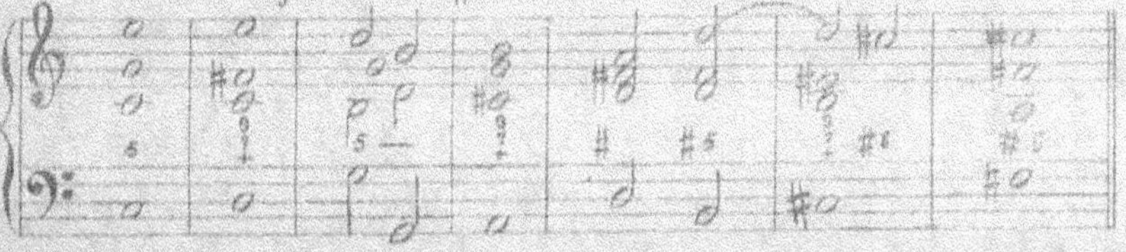

De La mineur en Mi ♭ maj. par modulations intermédiaires.

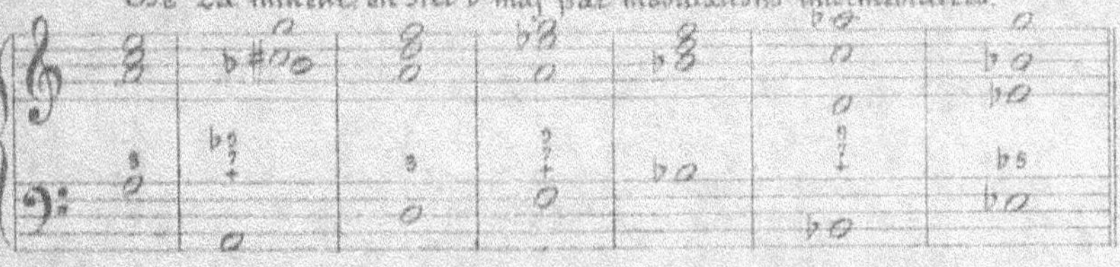

Comme on le voit par les exemples ci-dessus, les Accords de Neuvième Majeure et de Neuvième Mineure de Dominante appartenant chacun à des modes distincts, ne peuvent faire par eux mêmes des modulations aux tons éloignés qu'au moyen de Modulations intermédiaires.

DE DIVERSES CADENCES
avec les Accords de 9$_7^+$ et de ♭9♮$_7^+$ de Dominante

On ne peut faire que la cadence parfaite et la cadence évitée avec les Accords de Neuvième Majeure et de Neuvième Mineure de Dominante. Dans ce dernier cas ils demandent après eux l'Accord de Septième de Dominante.

EXEMPLES DE DIVERSES CADENCES DANS LES DEUX MODES

QUESTIONNAIRE

Quelle est l'importance de l'Accord de 9$_+$ au point de vue de la Modulation et de la Cadence ? Quelles règles générales suit-il dans ces deux opérations ? Dans quel mode peut moduler l'Accord en question ? Exemples de modulations aux tons voisins ? Par quel moyen module-t-on aux tons éloignés avec l'Accord de Neuvième de Dominante ?

Quelles sont les cadences qu'on peut faire avec l'Accord de Neuvième de Dominante ? Exemples.

EXERCICES

1. Transposer dans les tons voisins sur le clavier ou par écrit les exemples de la Leçon.
2. Rechercher dans les œuvres que l'on possède les cas signalés.

12ᵉ LEÇON

ACCORDS DE SEPTIÈME DE SENSIBLE ET DE SEPTIÈME DIMINUÉE

à l'État direct et à l'État renversé. — Réalisation Spéciale

Comme les accords de 7 et de 9, l'Accord de Septième de Sensible tire son nom de ses notes extrêmes. En effet sa note supérieure forme avec sa note inférieure, qui est la sensible du ton, un intervalle de Septième dans les deux modes.

Le premier se chiffre par 7♯ et le second par 7.

Il y a donc deux Accords de Septième de Sensible, l'un majeur, l'autre mineur; comme il y a deux accords de Neuvième de Dominante.

C'est que les accords de Septième de Sensible peuvent être considérés comme des fragments ou dérivés de l'Accord de Neuvième de Dominante dont on a retranché la fondamentale, génératrice commune de tous ces Accords dissonants naturels. *

RENVERSEMENTS DE L'ACCORD DE SEPTIÈME DE SENSIBLE MAJEUR

RENVERSEMENTS DE L'ACCORD DE SEPTIÈME DE SENSIBLE MINEUR
DIT ACCORD DE SEPTIÈME DIMINUÉE

---

* Quelques maîtres considèrent ces accords, de même que ceux de Neuvième de Dominante, comme provenant d'une substitution du 7ᵉ degré au 6ᵉ dans le premier renversement de Septième de Dominante; c'est-à-dire qu'au lieu de l'Accord 6♯ (Si-Ré-Fa-Sol, par exemple, en Ut majeur), on emploierait: Si-Ré-Fa-La. Ces accords seraient ainsi comme une extension de Celui de 7ᵉ.

La note supérieure des Accords de 9ᵉ et de 7ᵉ de Sensible est une nouvelle dissonance qui produit un effet bien autrement pénétrant que ne le ferait l'octave de la fondamentale dont cette neuvième prend la place.

L'Accord de *Septième de Sensible* pourrait, croyons-nous, échanger avantageusement son nom contre celui de *Neuvième sans fondamentale*, puisque l'Accord 7♯ est un accord de *Neuvième majeure* sans fondamentale, et l'Accord 7 un accord de *Neuvième mineure* également sans fondamentale. Ce nom usuel de *Septième de Sensible* est peu logique et donne lieu à une confusion de termes; car il désigne deux accords différents: 1° Celui dont nous parlons; 2° l'accord de 7 du septième degré dont la fondamentale, bien que note sensible n'a pas de mouvement obligé, accord étranger du reste, à l'harmonie dissonante naturelle, et dont il sera parlé plus loin.

Ces renversements sont les mêmes que ceux des deux Accords de Neuvième de Dominante moins la fondamentale. Ils nous étaient donc déjà connus, quant aux intervalles dont ils se composent. Le premier se fait sur le 2e degré, le second sur le 4e degré et le troisième sur le 6e degré dans les deux modes.

RÉALISATION SPÉCIALE PAR L'EXCLUSION DE CERTAINES POSITIONS

Pour éviter la dureté des deux premiers renversements de l'Accord majeur de Septième de Sensible l'intervalle de seconde devra être renversé, de la même manière que dans l'Accord de Neuvième de Dominante, c'est-à-dire que la septième (La) *sera tenue à distance de Septième de la Sensible (Si)*, en sorte que ces deux notes *ne se touchent pas ordinairement*. C'est pour cette raison que, renversant l'ordre ci-dessus des chiffres de ces deux accords dérivés, on les indique souvent de la manière suivante: 5 au lieu de 6 pour le premier; et 3 au lieu de +4 pour le second. Ex. A et B.

Le troisième renversement de l'Accord de Septième de Sensible majeur doit être préparé, c'est-à-dire que la Septième (La) *doit être entendue comme consonance* dans l'accord précédent. On met à la partie supérieure la seconde ou la quarte de ce renversement, Ex. C et D.

Nous avons fait remarquer que ce troisième renversement, dit *Accord de Seconde Sensible*, exigeant une préparation, rentre dans la catégorie des Accords dissonants artificiels de *Septièmes mineures* dont il sera question plus loin.

EXCEPTION POUR L'ACCORD DE SEPTIÈME DE SENSIBLE MINEUR
dit Accord de Septiéme diminuée

Ainsi que nous l'avons vu pour les renversements de l'Accord de Neuvième mineure de Dominante, l'effet produit par l'intervalle de seconde augmentée (La♭ - Si) ne choquant pas l'oreille comme celui de seconde majeure (La-Si), la septième (La♭) peut se placer sous la fondamentale ou sensible (Si) dans l'Accord de Septième diminuée.

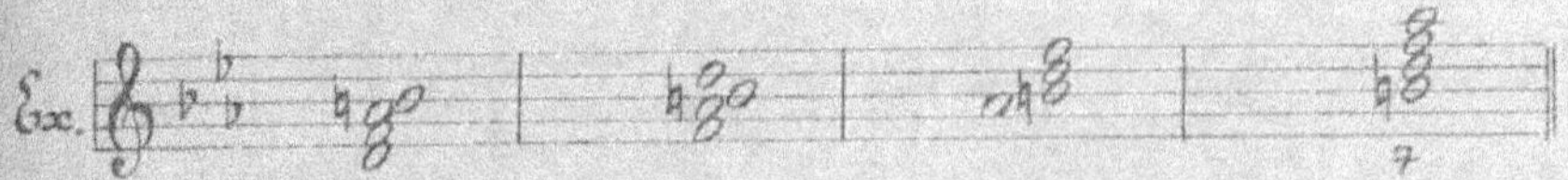

Les renversements de cet Accord mineur ne sont donc pas prohibés comme le sont ceux de Septième de Sensible majeur; et chacune de ses notes peut figurer dans toutes les parties.

On remarquera que l'accord de Septième diminuée étant composé d'intervalles de même valeur présente toujours le même aspect dans ses renversements, et que les suites de ces Septièmes sont d'un bon effet.

QUESTIONNAIRE

D'où tire son nom l'Accord de Septième de Sensible? Exemples. Combien y a-t-il d'accords de Septième de Sensible? Comment les chiffre-t-on? De quels accords dérivent-ils?

Quels sont les renversements des Accords de Septième de Sensible? De quels intervalles se composent-ils? Exemples pour les deux modes. Comment les chiffre-t-on? Sur quels degrés se placent-ils? Que faut-il observer sur l'intervalle de Seconde des deux premiers renversements? Comment chiffre-t-on encore ces deux renversements?

Qu'exige le troisième renversement pour que son emploi soit correct? Pour quelle raison est-il permis de placer la septième sous la fondamentale ou sensible dans l'Accord de 7? Pourquoi l'Accord de 7 ne change-t-il pas d'aspect dans ses renversements? Peut-on faire des suites d'Accords de Septième diminuée.

EXERCICES

1. Ecrire les Accords de Septième de Sensible et de Septième diminuée sur les notes suivantes.

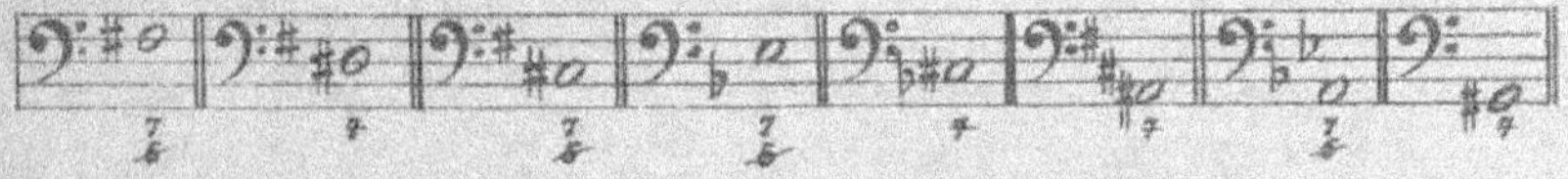

2. Formule à réaliser. L'exécuter ensuite sur le clavier dans le mode où elle est; puis, en mineur.

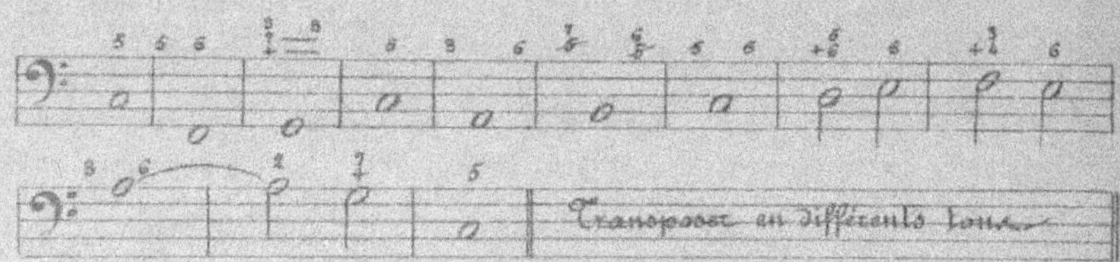

13 LEÇON

APPLICATIONS ET EXEMPLES

SUPPRESSION ET REDOUBLEMENT DES NOTES DES ACCORDS
DE SEPTIÈME DE SENSIBLE

Résolution. — La suppression et le redoublement des notes de ces deux Accords sont assujettis aux mêmes règles que les Accords de Neuvième dont ils sont des dérivés.

On supprimera de préférence la tierce de l'Accord de Septième.

On ne doublera pas les notes à mouvement obligé, sauf dans les cas de résolution exceptionnelle tels que cadences évitées ou autres.

Comme nous l'avons dit, dans l'accord de Septième de Sensible majeur, de même que dans l'Accord de Neuvième, la Septième doit être placée à la partie supérieure. La quinte diminuée (Septième dans l'accord de Neuvième) peut aussi quelquefois occuper cette place.

Mais dans les cas de résolution exceptionnelle, toutes les notes de l'accord de Septième peuvent être placées indistinctement dans n'importe quelle partie.

Souvent l'Accord de Septième diminuée qui n'appartient qu'au mode mineur se trouve introduit dans le mode majeur. Cet usage exceptionnel doit-être classé parmi *les altérations* dont il sera traité plus loin.

Mais l'accord de Septième de Sensible spécial au mode majeur ne doit pas s'introduire dans le mode mineur. Ex.

RÉSOLUTION DES ACCORDS DE SEPTIÉME DE SENSIBLE

L'accord de Septième de Sensible fait sa résolution conformément aux règles générales afférentes aux accords dissonants naturels. Comme les précédents, il se résout naturellement sur l'accord parfait majeur ou mineur de la tonique. On en a donné des exemples.

L'accord de Septième de Sensible du mode mineur peut par exception se résoudre sur l'accord de Septième de Dominante. Ex. A.

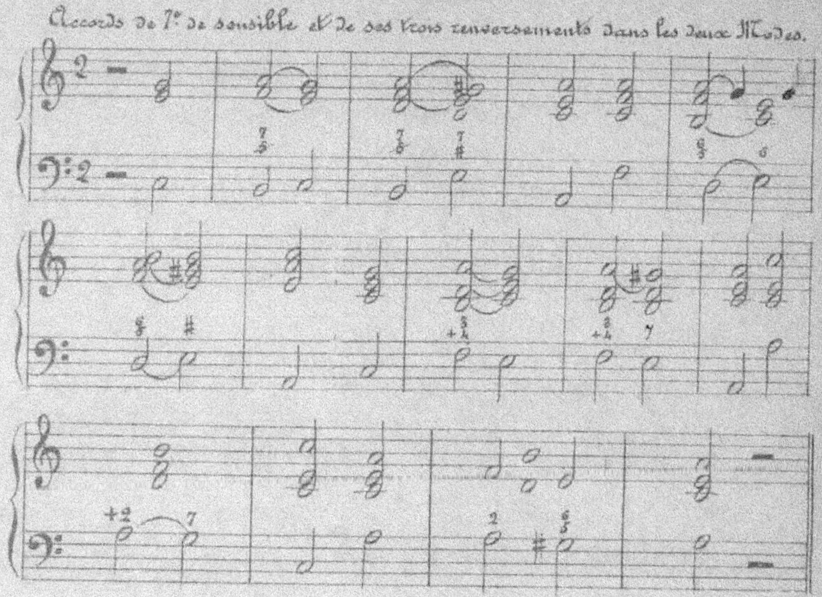

EXERCICES

Transposer sur le clavier ou sur des portées en Fa, en Sol, en Ré, etc., l'exemple donné ci-dessus.

QUESTIONNAIRE

Quelles sont les règles à suivre pour la suppression et le doublement des notes avec le double accord de Septième de Sensible? Quelle note peut-on supprimer de préférence? Quelles sont les notes qu'on ne doit pas doubler dans le cas de résolution régulière? Quelles notes peut-on doubler dans le cas de résolution exceptionnelle? Exemples.

Quelle partie la Septième doit-elle occuper? Est-il permis de mettre la 5 à la partie supérieure? Quelles places peuvent occuper les notes de l'Accord de Septième dans le cas de résolution exceptionnelle? Exemples. Est-il permis d'introduire dans le mode majeur l'accord mineur de 7? Est-il permis d'introduire dans le mode mineur l'accord majeur de 7? Exemples.

Résolution. — D'après quelles règles l'Accord de Septième de Sensible fait-il sa résolution? Sur quel accord se résout-il naturellement? Quelle est la résolution exceptionnelle de l'Accord mineur de 7? Exemples.

14ᵉ LEÇON
MODULATION ET CADENCE AVEC L'ACCORD DE SEPTIÈME DE SENSIBLE
et ses Renversements

Modulation aux tons voisins

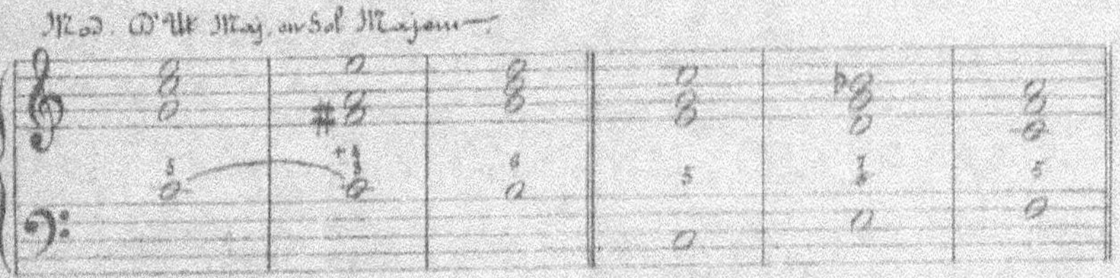

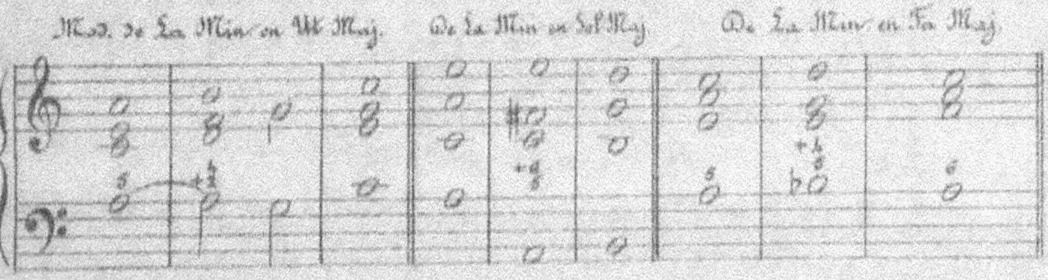

Comme on le voit l'Accord de Septième de Sensible qui contient la sensible et la sous dominante est un accord propre à la modulation. Mais comme il ne s'emploie, ainsi que ses renversements, que dans le mode majeur, il ne peut servir à moduler que dans ce mode.

MODULATIONS AUX TONS ÉLOIGNÉS

Ne pouvant être employés que dans le mode majeur cet Accord et ses renversements ne peuvent faire par eux même des modulations aux tons éloignés qu'au moyen des modulations intermédiaires.

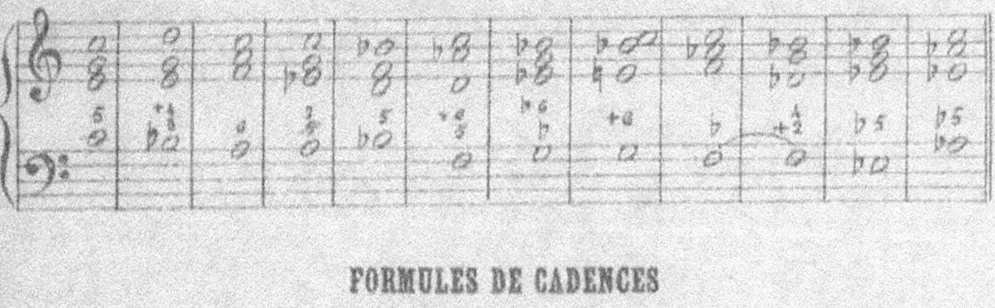

FORMULES DE CADENCES

dans lesquelles s'emploie l'Accord de 7ᵉ de Sensible
et ses Renversements.

Formés sur le septième degré de la gamme majeure l'Accord de Septième de Sensible et ses renversements ne sont pas aptes à faire un acte de cadence.

Mais on peut les employer dans les diverses formules de cadence d'un mode majeur.

EXEMPLES DE DIVERSES FORMULES DE CADENCES DANS LE MODE MAJEUR

QUESTIONNAIRE

Dans quel mode l'Accord de Septième de Sensible et ses renversements peuvent-ils moduler? Exemples dans les tons voisins. De quelle manière peut-on moduler aux tons éloignés avec ce même accord et ses renversements? Exemples.

Peut-on faire des actes de cadence avec l'Accord de Septième de Sensible? Dans quel mode cet Accord peut-il être employé pour les formules de cadence? Exemples.

EXERCICES

Transposer sur le clavier ou sur les portées les exemples de la Leçon.
Rechercher dans les œuvres que l'on possède les cas désignés.

15ᵉ LEÇON

MODULATION ET CADENCE
avec l'Accord de Septième diminuée et ses renversements.

MODULATION

L'Accord de Septième diminuée et ses renversements, renfermant *la note sensible* et
la *sous-dominante* sont comme les précédents d'excellents accords pour moduler.

MODULATION AUX TONS VOISINS

EXEMPLES

EXEMPLES DE MODULATIONS AUX DEUX TONS VOISINS DE LA MINEUR

Grâce à la propriété dont il jouit de pouvoir appartenir simultanément par enharmonie à des tonalités très différentes, l'Accord de 7 ainsi que ses renversements est très
employé dans la modulation. Ajoutant à cette propriété la faculté de s'introduire accidentellement dans le mode majeur il n'est presque pas de distance tonale qu'il ne puisse
franchir.

DIVERSES FORMULES DE CADENCE AVEC L'ACCORD DE SEPTIÈME DIMINUÉE
et ses Renversements

L'Accord de Septième diminuée se pratiquant sur la Sensible de la gamme mineure
ne peut servir à faire un acte de cadence. Mais on peut l'employer ainsi que ses renversements dans les diverses formules de cadence d'un mode mineur.

EXEMPLES DE FORMULES DE CADENCE DANS LE MODE MINEUR

QUESTIONNAIRE

L'Accord de Septième diminuée et ses renversements peuvent-ils servir à la modulation? Exemples. Quelles ressources l'enharmonie prête-t-elle à cet accord pour la modulation? L'Accord de Septième diminuée peut-il servir aux actes de cadence? Peut-on l'employer dans les formules de cadence du mode mineur? Exemples.

EXERCICES

1. Transposer dans les tons voisins sur le clavier ou sur des portées les exemples ou formules de la Leçon.
2. Trouver dans les œuvres que l'on possède les cas signalés.

3. Réaliser la marche suivante.

29e LEÇON

APPOGIATURE

L'Appogiature qu'on appelle aussi note de goût est une note sur laquelle on appuie pour agrémenter le chant. Cette note, étrangère à l'harmonie, se place à un ou plusieurs degrés au dessus ou au dessous d'une note réelle et en prend momentanément la place.

Elle ressemble à un retard sans préparation.

Il y a deux sortes d'appogiature: l'appogiature directe et l'appogiature indirecte.

L'Appogiature directe est celle qui précède la note réelle; elle lui est toujours supérieure; et quoique dissonante, elle est souvent plus longue qu'elle.

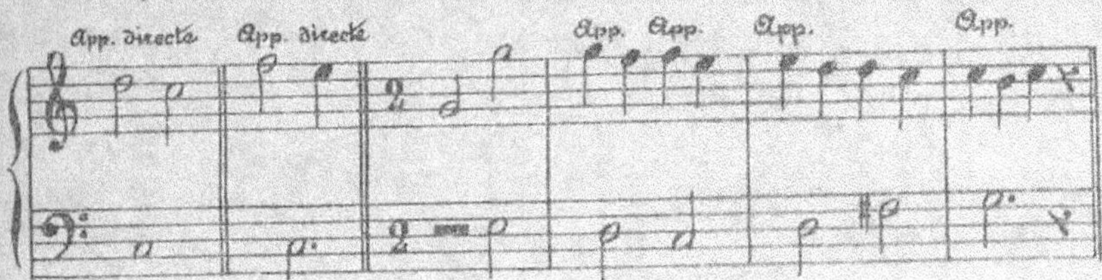

Elle s'emploie sur le premier et sur le second temps fort, quelquefois sur le premier temps faible; mais jamais sur le second. Son effet est d'accentuer le temps sur lequel elle porte, et de donner de l'expression.

L'Appogiature *indirecte* est celle qui suit la note réelle.

Elle peut être aussi longue que celle-ci, mais jamais plus longue. Ordinairement elle est plus brève.

Elle est supérieure ou inférieure à la note réelle.

Dans l'exemple qui suit nous l'indiquons par une croix.

Les Appogiatures s'écrivaient autrefois en petites notes. Il est d'usage actuellement de les écrire en notes ordinaires mesurées. Ce dernier mode de notation pourrait au premier aspect faire confondre l'appogiature, qui est note étrangère, avec la note de l'harmonie. La note si, de l'avant-dernière mesure de l'exemple précédent est dans ce cas. Mais en réfléchissant et en la remplaçant par une petite note il est facile de voir que c'est une note étrangère et que Do est en réalité la note de l'harmonie.

L'Appogiature et la note de passage se ressemblent en ce qu'elles sont toutes deux étrangères à l'harmonie. Mais on peut les distinguer l'une de l'autre. En effet, l'appogiature *directe* appuie sur le premier et le second temps fort, tandis que la note de passage glisse sur le temps faible de la mesure ou sur la partie faible du temps.

L'Appogiature indirecte se distingue de la note de passage en ce qu'elle a un mouvement disjoint par rapport à la note suivante, au lieu que la note de passage ne s'emploie que par degrés conjoints entre notes réelles.

APPOGIATURES ET NOTES DE PASSAGE
marquées indistinctement par des croix

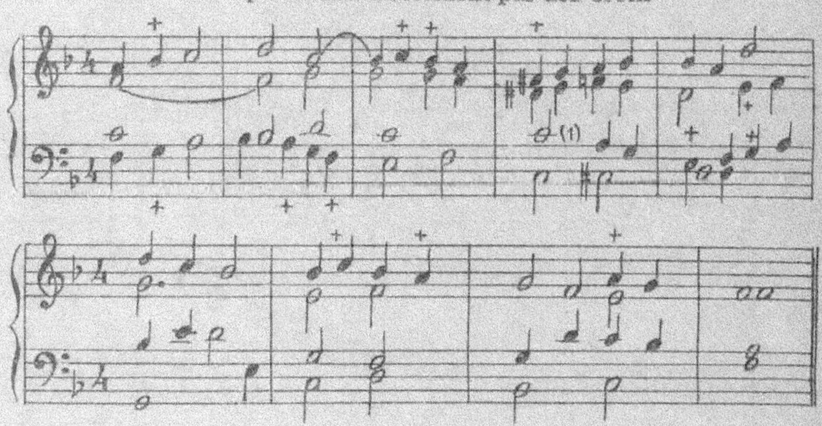

L'Appogiature supérieure s'emploie *librement*, c'est-à-dire par intervalle conjoint ou par intervalle disjoint.

L'Appogiature est praticable dans toutes les parties, et peut se faire simultanément dans plusieurs.

APPOGIATURES DANS PLUSIEURS PARTIES

Les appogiatures à la basse pouvant produire de la dureté ou de l'incertitude dans les accords, on ne les employera qu'avec précaution.

La note de l'harmonie peut être précédée de son appogiature supérieure et de son appogiature inférieure. On dit alors que l'appogiature est *double*.

Les appogiatures supérieures et inférieures se succèdent entre elles de différentes manières en formant divers dessins.

---

(1) Dérogation à la règle des fausses relations chromatiques donnée, Tome I, P. 53. Les fausses relations chromatique ainsi que celles de triton se rencontrent dans les compositions les plus correctes. " Prétendre faire une musique recherchée et qui ait quelque sel, sans fausses relations, c'est à mon sens une pure chimère " BROSSARD. Diction. de musique.

Questionnaire et Exercice après la Leçon suivante.

30e LEÇON

PORT DE VOIX. MORDANT. GRUPETTO

Nous ne pouvons que mentionner les autres artifices mélodiques de moindre importance tels que le Port de voix, le Mordant et le Grupetto.

Le Port de voix est une note d'agrément placée comme l'appogiature sur le temps fort ou sur la partie forte du temps, à intervalle supérieur ou inférieur de la note essentielle à laquelle il se lie.

Il fait partie intégrante de l'harmonie.[1] Il s'exprimait jadis par une petite note. On ne lui donne plus généralement de notation particulière.

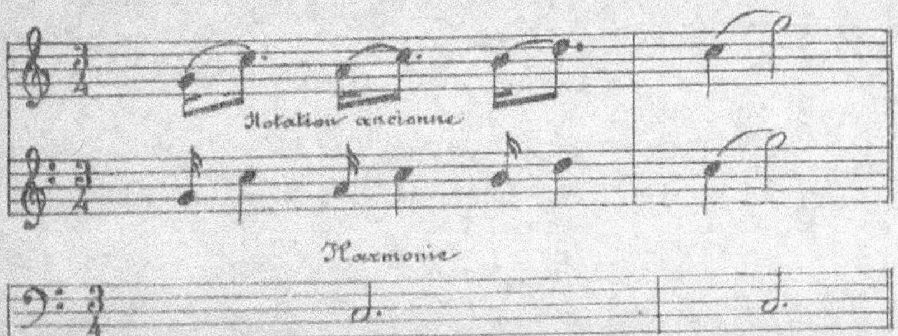

Le Mordant est un groupe de deux petites notes étrangères à l'harmonie et placées avant une note réelle à laquelle elles empruntent une partie de sa durée.

Le Grupetto est un groupe de plusieurs notes placé tantôt avant, tantôt après une note réelle à laquelle il emprunte une partie de sa durée.

EXEMPLE DE MORDANT

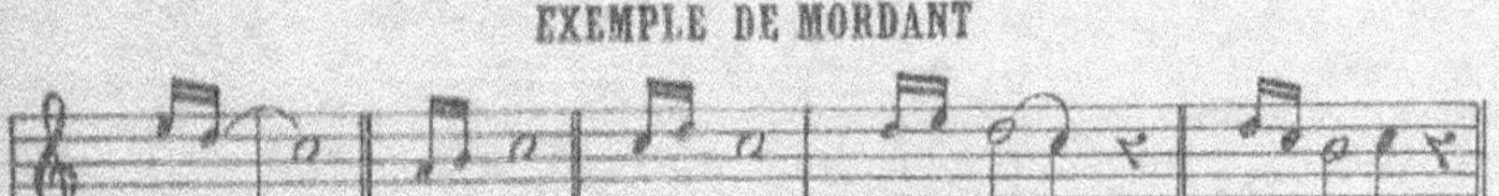

---

[1] De ce chef on aurait pu le classer parmi les artifices harmoniques; mais vu le peu de place qu'il occupe nous n'avions pas cru devoir le séparer des ornements mélodiques avec lesquels on le confond dans les solféges.

EXEMPLE DE GRUPETTO

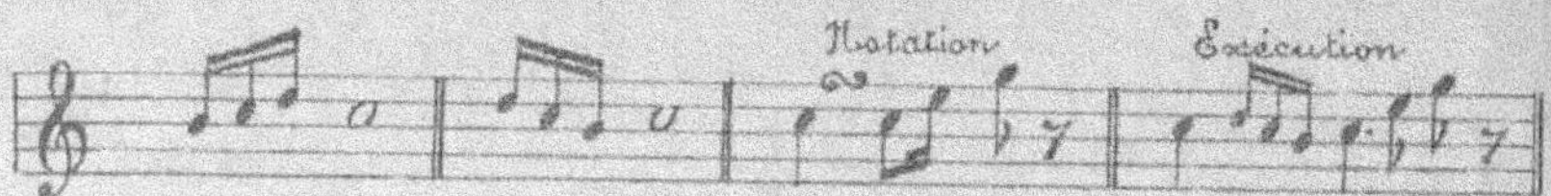

Ces ornements mélodiques relèvent plutôt du Solfège que des Traités d'harmonie.

QUESTIONNAIRE (29ᵉ Leçon)

Qu'est-ce que l'appogiature? A quelle distance de la note réelle se place l'appogiature? Qu'appelle-t-on appogiature directe? Sur quel temps se fait elle? Qu'appelle-t-on appogiature indirecte? En quoi l'appogiature diffère-t-elle de la note de passage? Dans quelles parties se pratique l'appogiature? — Appogiature simultanée; double. — Différence entre l'appogiature et l'altération.

QUESTIONNAIRE, 30ᵉ LEÇON

Qu'appelle-t-on Port de voix? — Mordant? — Grupetto?

EXERCICES

Reconnaître et distinguer les Ornements mélodiques.

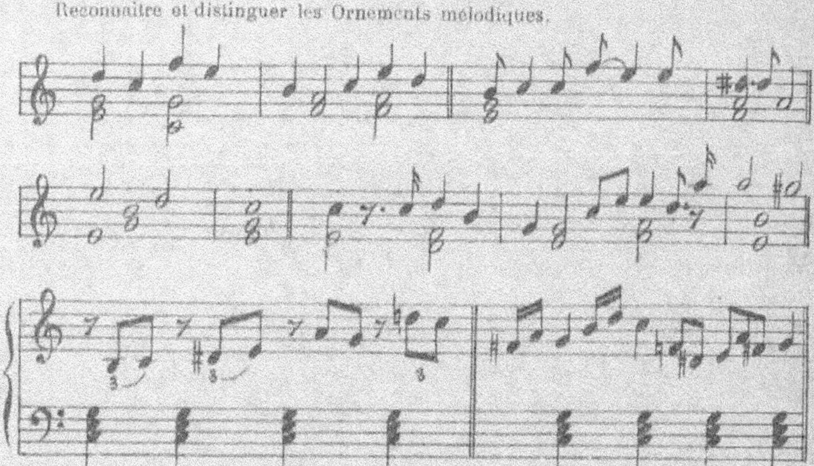

On cherchera dans les œuvres que l'on possède les différents cas signalés et l'on s'en rendra compte en les analysant.

On pourra s'exercer aussi à introduire les ornements mélodiques dans les basses et chants donnés déjà réalisés.

31ᵉ LEÇON

ÉTUDE PRATIQUE DE L'ACCOMPAGNEMENT

Données préliminaires.— NOTES DU CHANT QUI DOIVENT ÊTRE ACCOMPAGNÉES

Trouver un bon accompagnement sous une inspiration mélodique quelconque, écrire cet accompagnement d'une manière correcte et le plus élégamment possible, tel est évidemment le but auquel chacun désire atteindre en s'appliquant à l'étude de l'harmonie, puisque, privée du secours de celle-ci la mélodie, si belle qu'elle soit, reste toujours incomplète.

Nous avons appris à harmoniser un *chant donné élémentaire* ou suite mélodique formée de *notes réelles.* (V. T. 1. P. 79 et suivantes).

Notre étude a porté d'abord sur l'harmonisation d'une suite mélodique formant *une basse* ou partie inférieure; puis, sur l'harmonisation *d'un chant* ou partie supérieure, subordonnant en premier lieu le chant à l'harmonie et en second lieu l'harmonie au chant en formant celle-ci d'après le chant donné. Il était nécessaire de débuter par ce travail élémentaire d'harmonie consonante et d'apprendre, pour ainsi dire, à composer et à décomposer la trame essentielle de tout accompagnement.

Mais si la mélodie élémentaire, utile dans les premiers exercices, se borne aux seules notes harmoniques, il n'en est plus ainsi des mélodies développées produites sous le souffle de l'inspiration.

Celles-ci unissent forcément aux sons originels ou harmoniques, les sons accidentels ou dérivés que nous avons nommés notes étrangères ou artificielles; et il est vrai de dire que les premiers remplissent dans la formation de la mélodie le même rôle que les voyelles dans la formation des mots; et que les notes accidentelles ou sons étrangers sont des consonnes musicales qui ne peuvent avoir un sens que par leur union avec les notes réelles.

Il importe donc de distinguer dans un chant les sons harmoniques ou réels qui demandent à être accompagnés des sons accidentels ou étrangers qui n'ont pas besoin d'accompagnement; car l'on comprend sans peine que lorsque les sons se succèdent rapidement dans une mélodie il n'est pas possible d'accompagner chacun par un accord spécial correspondant. ✳

✳ Il se rencontre des personnes qui sans connaître un mot de la Science harmonique savent trouver hic et nunc un accompagnement plus ou moins correct à une mélodie. Ces organisations musicales privilégiées ont un heureux instinct qui les guide, qui leur permet de deviner et de surprendre en quelque sorte les lois de la mélodie et de l'harmonie. Au début de leurs études ces natures exceptionnelles tâtonnent d'abord sur le clavier pour y découvrir les accords dont la finesse de leur ouïe sent la justesse; et, par un travail opiniâtre, à force de recherches, finissent par trouver et se graver dans la mémoire les principaux accords dans toutes les gammes.

Naturellement on ne peut donner les facultés musicales à ceux qui en seraient dépourvus. Mais l'expérience démontre que par une étude sérieuse des accords sur le piano ou sur l'orgue, tous, ou à peu près tous, parviennent avec le travail obligatoire à trouver un accompagnement correct sous un chant donné, de même que tout le monde arrive avec l'étude et la pratique indispensables à tenir une conversation dans une langue étrangère.

Les sons d'une mélodie au dessous desquels il ne faut point placer d'accord correspondant sont ceux que nous avons appelés *artificiels ou accidentels, passagers, étrangers*. Les autres sons, ceux que l'on accompagne, sont appelés, par opposition *réels, essentiels, principaux, sons harmoniques, notes de l'accord*.

Cherchons par exemple les sons artificiels ou notes étrangères de l'accord de Tonique d'Ut majeur.

DO - ré - MI - fa - SOL - la - si - DO - ré - MI - fa - SOL - la - si - DO

Les notes réelles sont: DO - MI - SOL.

Les notes étrangères: fa - la - si.

Cherchons les mêmes notes dans l'Accord de Septième de Dominante.

RÉ - mi - FA - SOL - la - SI - do - RÉ - mi - FA - SOL - la - SI

Les notes réelles sont: SOL - SI - RÉ - FA.

Les notes étrangères: mi - la - do.

On pourra trouver de même les sons étrangers de tous les accords de l'harmonie consonante; et l'on remarquera que ces sons étrangers aux accords doivent être généralement suivis de sons harmoniques, ou notes réelles, situés à distance de seconde mineure ou de seconde majeure seulement.

EXEMPLES
Accord de Tonique d'Ut majeur

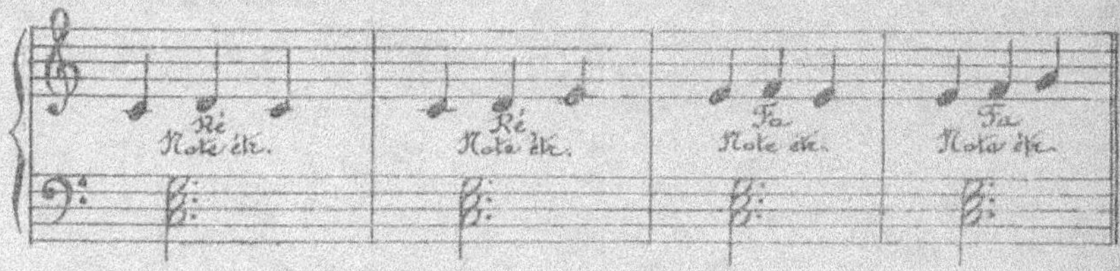

Accord de Septième de dominante d'Ut majeur

Chromatiques

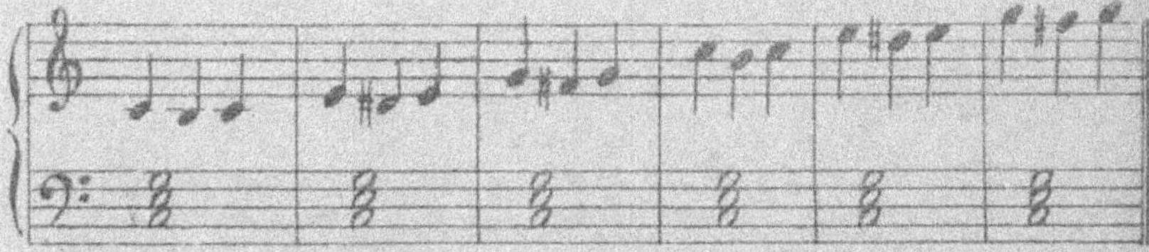

Questionnaire après la Leçon suivante.

32ᵉ LEÇON

DE LA BASSE FLEURIE ET DU CHANT FLEURI
ou Contrepoint fleuri

L'emploi fait à la basse de notes étrangères à l'harmonie consonante sous un chant donné élémentaire forme une *Basse fleurie*; l'emploi des mêmes notes à la partie supérieure ou chant sur une basse donnée élémentaire note contre note ou en accords plaqués forme un *Chant fleuri*; et leur ensemble constitue le contrepoint fleuri.

Ce qui distingue les basses et chants élémentaires des basses et chants fleuris c'est donc la présence dans ces derniers de notes artificielles ou étrangères à l'harmonie consonante. Les basses et les chants des Exemples et Exercices de la Leçon 28ᵉ relative aux notes de passage sont des basses et des chants fleuris.

Dans l'étude de l'harmonie pratique ces suites mélodiques sont comme le passage entre l'harmonisation du chant donné *élémentaire* et celle du chant donné *mélodique* proprement dit par lequel nous finirons.

Pour former des basses et des chants fleuris il suffit d'introduire dans ces suites mélodiques des sons étrangers ou notes accessoires d'après les indications suivantes:

Règle générale: *les sons étrangers aux accords devant être suivis de sons réels situés à distance de seconde mineure ou de seconde majeure seulement, toute note suivie d'une autre note située à une distance plus grande (2ᵉ augm., 3ᵉ, 4ᵉ, 5ᵉ, 6ᵉ, etc.), est réelle et doit être accompagnée.*

En d'autres termes: *de deux notes disjointes, la première doit être harmonisée.*

EXEMPLE

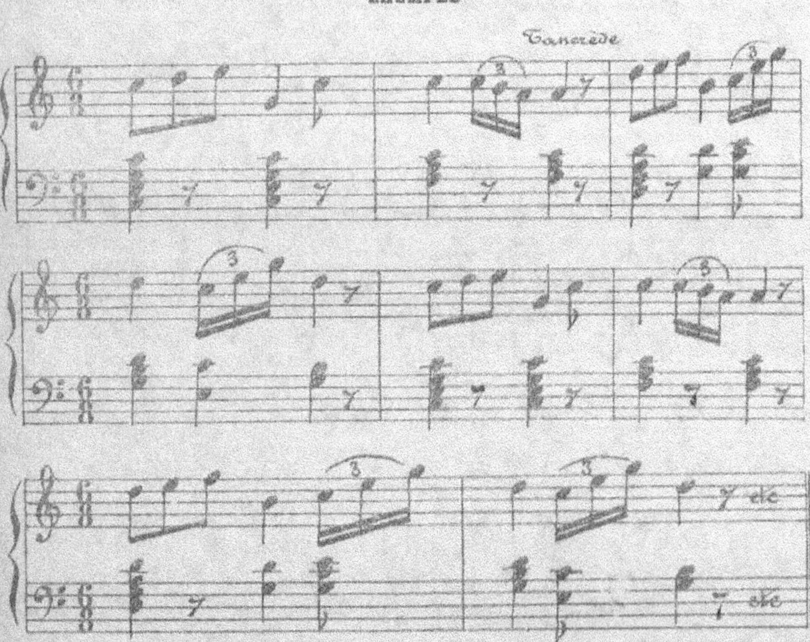

Dans la 1re Mesure, Mi - Sol, notes disjointes, la première, Mi, doit faire partie de l'Accord. — Sol - Do, notes disjointes: Sol doit être accompagné. L'accord de tonique (do - mi - sol) renferme les deux notes Mi - Sol; il contient de plus l'Ut qui commence et termine la mesure.

Le Ré est une note passagère ou étrangère,

Dans la 2me Mesure, le La qui est à la fin forme disjonction avec Ré qui commence la mesure suivante. Il faut donc accompagner ce La, de même que l'Ut qui commence la mesure, etc.

La règle générale donnée ci-dessus rencontrera quelques exceptions dans l'emploi de certains artifices mélodiques, comme l'Appogiature double, l'Anticipation, l'Echappée; mais trouvera son application habituellement.

BASSE DONNÉE FLEURIE

CHANT DONNÉ FLEURI

QUESTIONNAIRE
(Leçon 31e et Leçon 32e)

Nommez les deux sortes de sons ou notes dont se composent les mélodies développées ou chants proprement dits. — Est-il bien important de savoir distinguer ces sons? Dans une mélodie, quelles sont les notes qui exigent un accompagnement et quelles sont celles qui n'en ont pas besoin? Qu'appelle-t-on *Basse fleurie* et *Chant fleuri*? Par quoi ces suites mélodiques se distinguent-elles des Basses données et des chants donnés élémentaires? Que faut-il faire pour former des Basses et des Chants fleuris? Règle. — Comment peut-on distinguer les sons réels des sons accidentels ou passagers? Entre deux notes disjointes laquelle faut-il accompagner? Expliquez pourquoi la première de deux notes disjointes doit être accompagnée. Exemple. La règle donnée précédemment ne présente-t-elle pas quelques exceptions? Donnez un exemple.

EXERCICES

1. Reconnaître dans quelques pièces des œuvres que l'on possède les passages en chants ou contrepoint fleuri.
2. S'essayer à accompagner d'une basse fleurie les mélodies les plus simples que l'on connait.
3. Former une basse fleurie ou un chant fleuri sur les suites mélodiques suivantes.

CHANT DONNÉ AVEC 2ᵉ ET 3ᵉ PARTIES
y ajouter une basse fleurie *

BASSE DONNÉE
Suite du même Morceau
y ajouter la partition avec chant fleuri *

Harmoniser un chant, d'après la méthode exposée, c'est faire entendre, avec les sons qui le constituent, d'autres sons simultanés servant à le rendre plus agréable à l'oreille. *Faire la partition* de ce même chant, c'est fixer sur le papier les sons que l'on veut émettre en l'harmonisant.

33ᵉ LEÇON

DU CHANT DONNÉ MÉLODIQUE ET DE SON ACCOMPAGNEMENT

La mélodie, qui est l'âme de l'harmonie, consiste en une suite naturelle de sons formant un sens musical complet et agréable.

En terme d'école on appelle *chant donné mélodique ou figuré* toute suite musicale dont le style et la forme constituent une mélodie. Le style et la forme d'un chant ou air sont mélodiques lorsque cet air est bien phrasé, c'est-à-dire correctement orné du rythme et des cadences.

ACCOMPAGNEMENT ESPACÉ ET ACCOMPAGNEMENENT SERRÉ

L'accompagnement du chant donné mélodique peut revêtir deux formes: *la forme espacée, et la forme serrée.*

Dans la première les accords, abstraction faite des notes étrangères employées dans dans le chant, se prolongent *sous plusieurs notes réelles de la mélodie.*

Dans la seconde, les accords, abstraction faite également des notes étrangères du chant, en accompagnent à peu près chaque note réelle.

1ᵉ FORME

Accompagnement espacé

2ᵉ FORME

Accompagnement serré

L'harmonisation de ces suites mélodiques ne change pas de nature quelle qu'en soit la forme.

CE QU'IL FAUT FAIRE POUR TROUVER L'ACCOMPAGNEMENT D'UNE MÉLODIE

Pour harmoniser un chant mélodique il faut d'abord *en fixer la basse et les accords de cette basse*. On ne peut trouver la basse d'un chant sans en avoir déterminé auparavant la tonalité principale. C'est pourquoi il faut voir d'abord l'armure de la clé pour spécifier le ton (majeur ou mineur), et prévoir les tons voisins dans lesquels il pourrait moduler. On ponctuera aussi les phrases en remarquant quelles sont les cadences effectuées sur la tonique, la dominante et la sous-dominante.

Ces cadences sont faciles à reconnaître au repos que fait la mélodie sur ces notes mêmes ou sur un des degrés de leurs propres accords.

Alors, eu égard à la tonalité déterminée, on accompagnera le chant donné avec les accords que peuvent porter les 1er, 4e, 5e et 6e degrés des deux modes et employant les cadences afférentes à chacun de ces degrés. On aura dès lors trouvé *l'harmonie préparatoire*.

On changera ensuite l'harmonie préparatoire en harmonie *définitive* si elle contient des mouvements de basse ou autres successions défectueuses. (V. T. 1, PP. 81, 157.)

Si ces modifications ne sont pas nécessaires, l'on s'en tiendra au premier résultat qui sera adopté comme harmonie définitive.

Donnons un exemple:

CHANT AVEC HARMONIE PRÉPARATOIRE

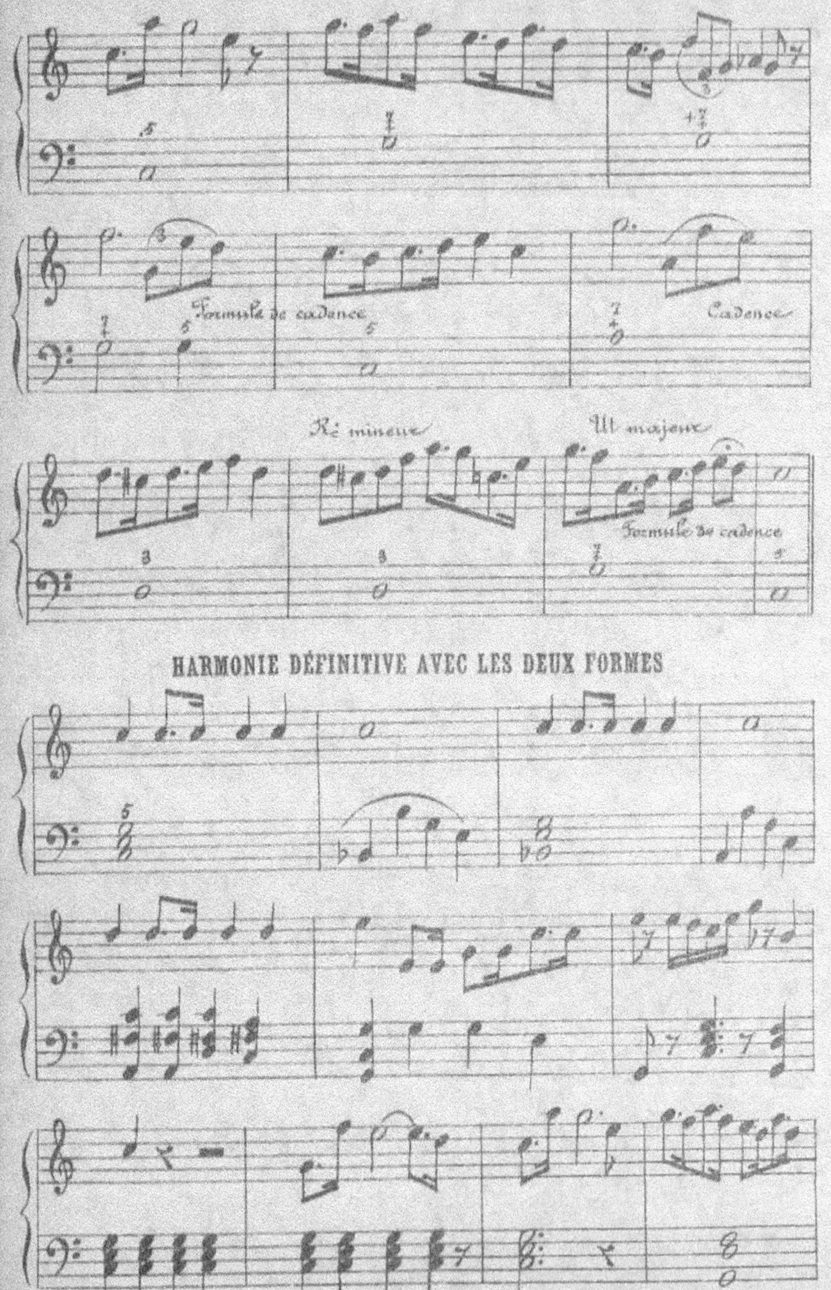

HARMONIE DÉFINITIVE AVEC LES DEUX FORMES

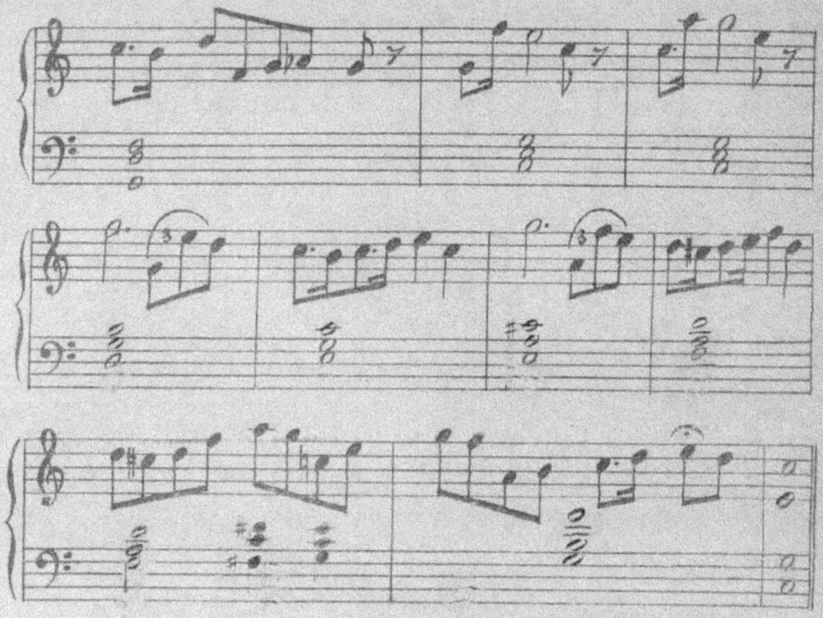

Observation. — Si l'on remarque dans le courant du morceau quelques accidents entiérement étrangers au ton général, il faut voir où ils conduisent. S'ils raménent le texte mélodique à un repos sur la dominante ou sur la tonique on peut les traiter le plus souvent comme notes de passage ou comme altérations; car dans ce cas ils ne font qu'effleurer le sens mélodique des notes réelles. Mais s'ils conduisent à une cadence bien déterminée et effectuée sur une note d'un ton éloigné du ton principal on est obligé de recourir à quelqu'un des moyens de modulation que nous avons donnés.

La réalisation d'une mélodie à quatre parties vocales n'est pas exempte de difficulté.

Elle exige beaucoup d'attention à raison des quintes et des octaves cachées qui s'y rencontrent souvent. Pour éviter ces fautes il est nécessaire avant tout de bien examiner les positions et les marches des voix qui en sont ordinairement la cause. On n'a pas encore réussi et l'on réussira difficilement, croyons-nous, à établir à cet égard des règles positives. On ne peut faire que quelques observations générales. (V. Leçon - Quintes et octaves cachées); et encore faut-il reconnaitre que dans bien des cas elles ne concordent pas avec la pratique.

La réalisation du *quatuor vocal* n'est pas exactement semblable aux réalisations que nous avons données jusqu'ici; car il faut que chaque partie soit mouvementée avec goût et réponde bien au sentiment du chant donné. La pratique et surtout l'analyse des bons modèles améneront ce résultat bien mieux que l'étude des règles.

QUESTIONNAIRE

Qu'appelle-t-on mélodie et chant donné mélodique? Quelles sont les formes d'accompagnement du chant donné mélodique? Comment faut-il procéder pour trouver l'harmonisation d'un chant donné mélodique? Remarque sur les accidents étrangers au ton général. Réalisation à quatre parties vocales.

EXERCICE

Harmoniser d'après ce procédé exposé les mélodies que l'on connait. Analyser l'accompagnement des mélodies des auteurs que l'on possède.

Pour faciliter ces exercices et tous les autres essais d'harmonisation que l'on voudra faire, nous allons rappeler les accords et les formules de cadence que peuvent prendre les degrés harmoniques de la gamme.

TABLEAU DES DIVERS ACCORDS ET DES
FORMULES DE CADENCE A EMPLOYER DANS L'HARMONIE PRÉPARATOIRE
Ton d'Ut majeur

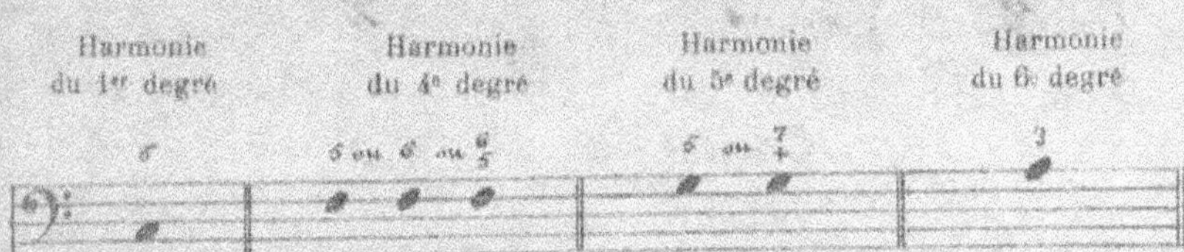

FORMULES DE CADENCE PARFAITE

TON DE LA MINEUR

FORMULES DE CADENCE PARFAITE

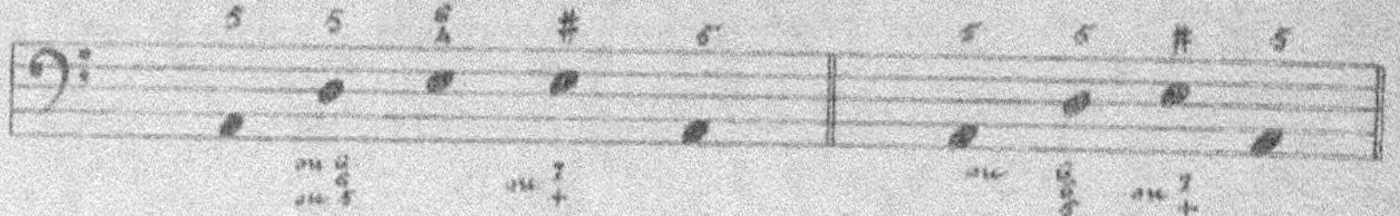

Remarque. — Lorsqu'on sera familiarisé avec la méthode préparatoire donnée ci-dessus on ne l'emploiera plus; on pourra créer tout de suite l'harmonie définitive sous les chants.

ON A UN EXEMPLE DU QUATUOR VOCAL DANS LE MOTET SUIVANT
(Nanini)

Extrait de l'Anthologie des Maitres religieux primitifs.
Répertoire des Chanteurs de S-Gervais et de la Schola Cantorum,
15, Rue Stanislas, PARIS.

CONCLUSION

La connaissance approfondie des principes et des lois de l'Harmonie naturelle et de l'Harmonie artificielle est indispensable pour arriver à l'intelligence parfaite de la structure harmonique d'une composition musicale.

Nous croyons avoir fourni dans ce Cours des données suffisantes pour obtenir ce résultat. Toute harmonie, quelque compliquée qu'elle puisse paraître, repose toujours sur une trame simple, analogue aux accords élémentaires que l'on a vus figurer dans les exercices donnés. On pourra toujours la ramener à ses éléments primitifs par une application raisonnée des règles qui ont servi à former ces accords.

Mais si l'on veut acquérir une connaissance complète des formules harmoniques il est indispensable aussi de s'appliquer à l'analyse des auteurs et à des exercices de composition faciles et progressifs. On découvre dans les œuvres des Maîtres les ressources nombreuses qu'offrent l'arrangement des accords, et leurs variations. Ils ont employé toutes les diverses formules d'harmonisation, et des accompagnements de tous les genres. Ces accompagnements, bien différents les uns des autres dans l'exécution, peuvent toujours être ramenés aux formules les plus élémentaires.

C'est surtout en écrivant, c'est-à-dire en composant l'harmonie que l'on devient harmoniste. L'élève qui connaît les principes et les procédés de cette science devra s'exercer souvent à les appliquer. Il réalisera des basses et des chants donnés. Nous lui conseillons les basses chiffrées et les basses non chiffrées de Fenaroli; les basses de Sala et de Mattei, celles plus récentes de Reber et de Bazin, les partimenti de Garaudé et les exercices pour servir à l'étude de l'harmonie pratique de Fr. Richter, tous écrits en style d'école et appropriées aux commençants. ✳

Il ajoutera à ce travail quelques compositions personnelles consistant surtout en accompagnements de mélodies réalisés pour les voix. Il commencera par les réalisations les plus simples et avancera progressivement allant du simple au composé, du naturel à l'artificiel, mais prenant garde de surcharger l'harmonie de complications inutiles et évitant à cet effet des artifices tels que les suspensions irrégulières, l'usage fréquent des pédales intermédiaires et surtout les appogiatures libres, et toutes les formes qui en dérivent. Le style vocal étant le type de toute musique, tout ce qui s'en écarte pour imiter la musique instrumentale doit être banni de ce travail. Le Choral dont l'harmonie simple et puissante renferme toutes les ressources qui peuvent embellir ce style est le meilleur des genres qu'on puisse conseiller comme modèle.

Musica sapienter a sapientibus
exerceri potest.

St-Augustin. *De doct. chr.*

✳ Les Partimenti et Basses chiffrées de Fenaroli ont été réalisés et publiés par J. Puig-y-Alsubide.— L'Harmonie sans maître, Paris.— Girod, Éditeur.

RÉALISATION ET CORRIGÉS

DES

EXERCICES

DE

L'HARMONIE DISSONANTE

LIVRE I — DEUXIÈME PARTIE

HARMONIE DISSONANTE NATURELLE

Corrigé des Exercices. Leçon 2ᵉ (Voir Page 10)

ACCORDS DE SEPTIÈME DE DOMINANTE

1. Résolutions sur un Accord majeur.

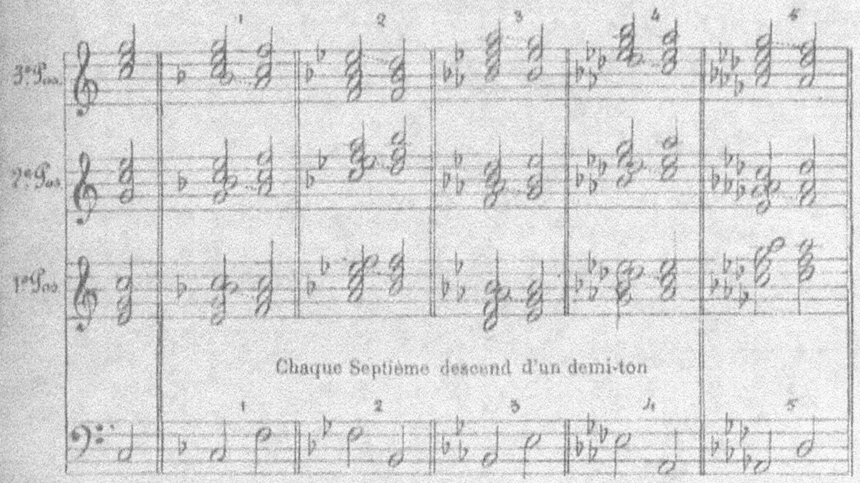

2. Résolutions sur un accord mineur

Corrigé de l'Exercice.— Leçon 3 (Voir Page 12)

FORMATION DES ACCORDS DE SEPTIÈME DE DOMINANTE DONNÉS
et des renversements dans les diverses positions

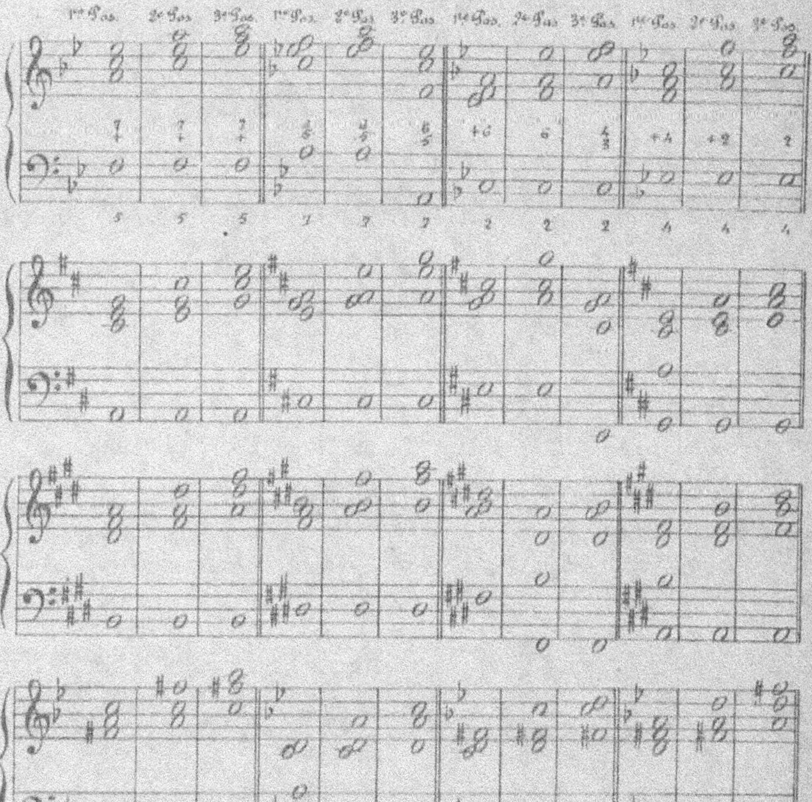

Corrigé des Exercices. — Leçon 4. (Voir Page 14)

Analyse: 1° chiffrage des accords; 2° indication de la résolution des notes attractives; 3° désignation des notes supprimées et des notes redoublées.

RÉSOLUTIONS EXCEPTIONNELLES

La dissonante caractéristique, 7e de l'Accord, fait sa résolution régulièrement en descendant d'un demi-ton. La Tierce, note attractive, sensible du ton reste immobile, ainsi que la Quinte. La fondamentale se résout chromatiquement en montant d'un demi-ton.

Exercice.— Leçon 6e (Voir P.P. 17 et 18)

2. Emploi de l'Accord de Septième de Dominante
comme moyen de modulation entre les formules de cadence parfaite
des différents tons.

Si b maj
Sol min.
Mi b maj
Ut min.
La b maj.
Fa min.
Re b maj.
Si b min.
Sol b maj.
Mi b min

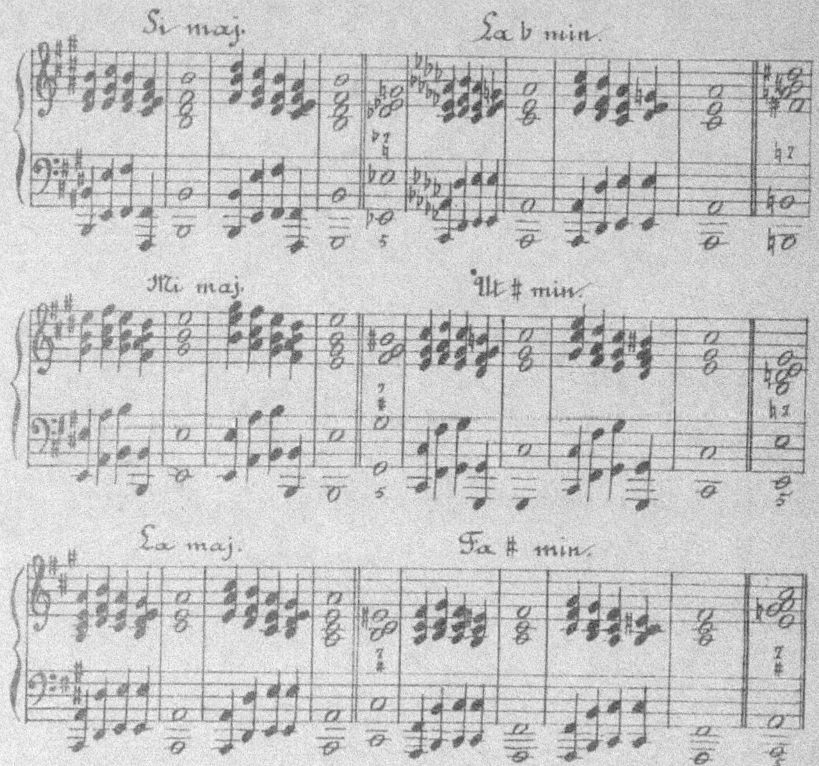

Ces formules qui se recommandent à l'attention des personnes s'appliquant à l'étude du piano, terminent parfaitement les exercices de gammes que l'on a coutume de faire sur cet instrument.

ROLE DE L'ACCORD DE QUARTE ET SIXTE DANS LES CADENCES ET MODULATIONS

*Données complémentaires sur l'emploi du même accord dans divers cas
selon son caractère*

On aura remarqué que l'accord de $\frac{6}{4}$ est d'un usage fréquent dans les formules de cadence et de modulation. Il précède l'accord de $7\,{+}$ dans les premières, et y amène tout naturellement cet accord si bien approprié à l'acte de cadence.

Il accuse nettement la tonalité nouvelle dans les secondes. (Revoir accords de $\frac{6}{4}$ dans l'une des formules ci-dessus.) L'Accord de $\frac{6}{4}$, qui exige une préparation lorsqu'il est employé par mouvement conjoint comme harmonie de passage sur l'un quelconque des degrés de la gamme dépourvu de caractère de repos, peut se passer ici de préparation: car il n'est pas accord de passage et doit nécessairement se trouver sur le temps fort de la mesure où il frappe le son en y marquant un certain arrêt. Placé sur le temps fort il a une grande puissance pour indiquer la modulation: sur le temps faible, au contraire, il n'accuse que faiblement la nouvelle tonalité, comme on le voit dans l'exemple qui suit.

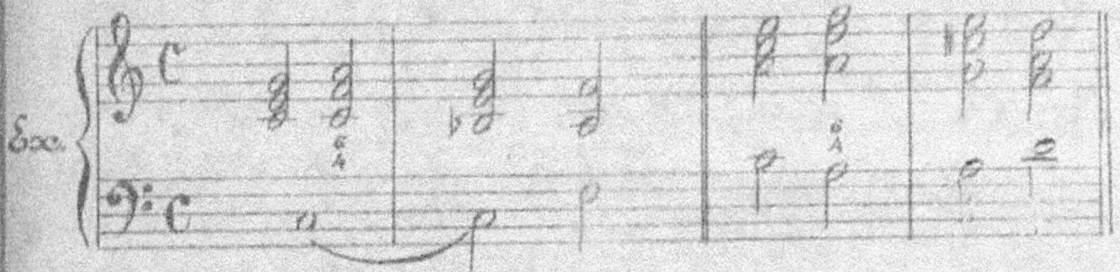

Hors ce cas d'emploi dans les formules de cadence et de modulation, l'accord de $\frac{6}{4}$ dont nous avons signalé le caractère vague et le sens incomplet, est généralement un accord de transition, *dont la Quarte doit être préparée.*✻

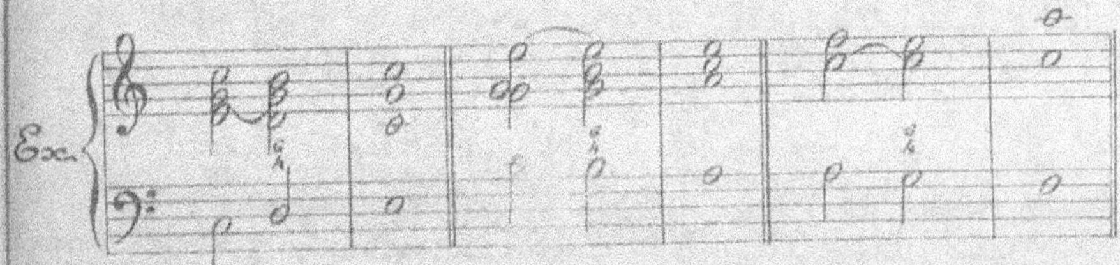

On se rappelle qu'en harmonie naturelle l'Accord de $\frac{6}{4}$ n'admet pas immédiatement après lui un autre accord de $\frac{6}{4}$, (quoiqu'il puisse être suivi dans certains cas de l'accord de $\frac{6}{4}$, vu le sens résolutif de ce dernier); mais qu'il demande à être suivi, soit de l'accord parfait, soit d'un accord de Sixte.

✻ Nous avons dit dans la 1ᵉ partie de ce traité, Leçon à Page 14, que *la Quarte juste n'est pas une consonance.* Cette assertion a été relevée avec surprise par un critique, compétent d'ailleurs, E. Soullier, dans la Partie bibliographique (31 Août 1896) de la savante Revue, Études religieuses, historiques, etc. publiée à Paris chez Victor Retaux, Libraire-Éditeur. Nous reconnaissons que pour être tout à fait exact nous aurions dû dire: La Quarte juste n'est pas une pure consonance. En effet qu'on l'entende isolément ou en par suites consécutives, cet intervalle harmonique, faible et indécis, flatte très peu l'oreille. Il est même proscrit sous cette dernière forme. Très peu d'auteurs la qualifient sans restriction de consonance parfaite, et beaucoup l'appellent consonance mixte, comme Bazin, Savard et Rahoe. Citons ces deux derniers: L'intervalle harmonique de Quarte juste doit dans certains cas être traité comme une sorte de consonance mixte et dans d'autres, comme une dissonance. Savard. Cours complet d'harmonie Tome I, Page 59.— La Quarte juste n'est classée ni comme intervalle consonant, ni comme intervalle dissonant, ou pour mieux dire, elle est tantôt consonance et tantôt dissonance selon les conditions où elle est placée. Rahoe. Traité P. 4. — Elle est consonance, mais non assujettie aux règles concernant la succession des consonances parfaites, quand elle est le produit d'un accord parfait direct ou dérivé. Elle est dissonance, quand, étrangère à l'accord consonant original, elle est introduite artificiellement dans l'harmonie soit à titre de retard, soit comme note d'ornement.

Pour s'assurer s'il y a lieu de préparer la Quarte ou de ne pas la préparer dans l'emploi de l'accord de $\frac{6}{4}$, il faut donc bien fixer le caractère de ce même accord. On déterminera d'après la suite harmonique à produire si l'accord de $\frac{6}{4}$ qu'on veut employer est appelé à remplir le rôle d'accord de passage ou non. Il remplira ce premier rôle s'il a uniquement à lier entre eux d'autres points harmoniques; et, dans ce cas, il marchera de temps faible à temps fort par mouvement conjoint. Il remplira le second rôle; c'est-à-dire sera considéré comme accord de repos, (repos relatif et momentané), si au lieu d'avoir à lier uniquement entre elles d'autres agrégations de sons, il est pris lui-même comme point d'arrêt. Il tombe alors sur le temps fort de la mesure accentuant le rythme en y scandant le son, et marche sur l'accord suivant par mouvement conjoint.

---

4. Exemple.— Récréation sur l'accord de Septième de Dominante
(Voir Page 18, Exercice N° 4.)

Analyse: 1° chiffre indiquant le degré de la gamme; 2° chiffrage des accords sous leurs divers états; 3° Indication des cadences et des modulations.

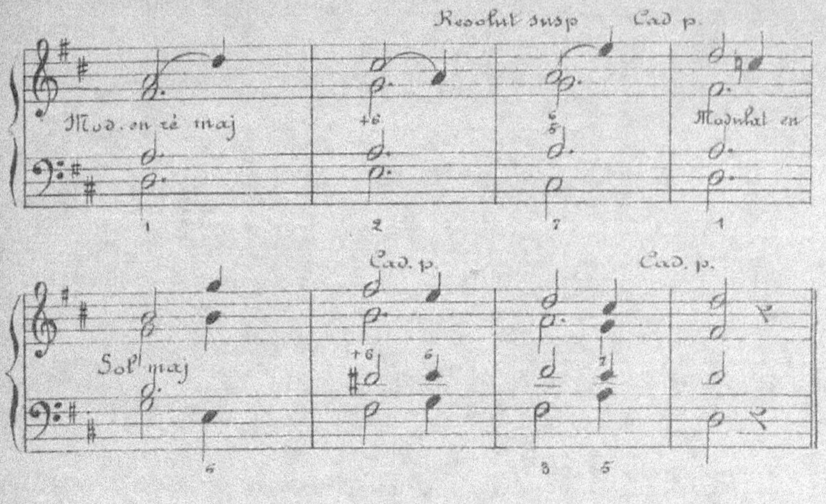

Corrigé des Exercices.— Leçon 7e (Voir Page 21)

RÉALISATION DE MARCHES AVEC 7e DE DOMINANTE A 4 PARTIES

1

Progression par mouvement de Quarte ascendante et de Tierce descendante.
Marche avec accords à résolution régulière

Emploi de l'état direct de l'Accord de Septième de Dominante combiné avec accords parfaits majeurs.

2

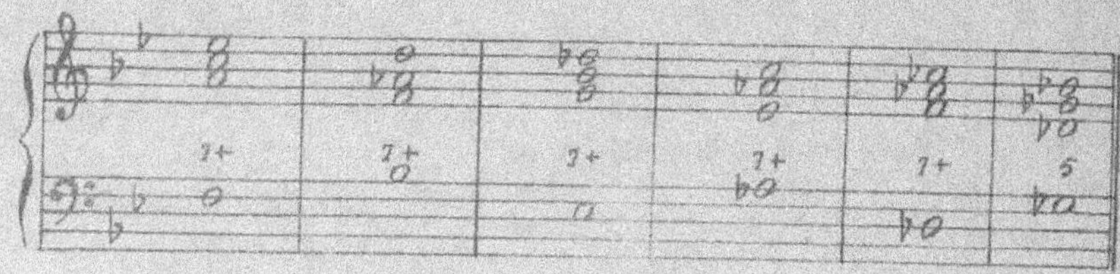

3

La formule ci-contre présente, comme la précédente et les deux suivantes une

série d'accords de Septième de Dominante se succédant sans interruption avec cadences évitées. Les successions harmoniques ainsi formées sont des *Marches de Septièmes*.

4

Marche harmonique avec accord
de +4 et accord de Sixte

Marche de Septième avec
cadences évitées

Mouvement de quarte supérieure
et de quinte inférieure.

5

CHIFFRAGE ET ANALYSE DU MORCEAU SUIVANT

Progressions formées de 7ᵉ, d'Ut mineur en Ut bémol majeur.

Corrigé des Exercices. Leçon 10ᵉ (V. PP. 22 et 27)

1° CHIFFRAGE DES ACCORDS DE 9ᵐᵉ DE DOMINANTE ET SES RENVERSEMENTS
Indication de suppression ou de redoublement des notes de ces accords

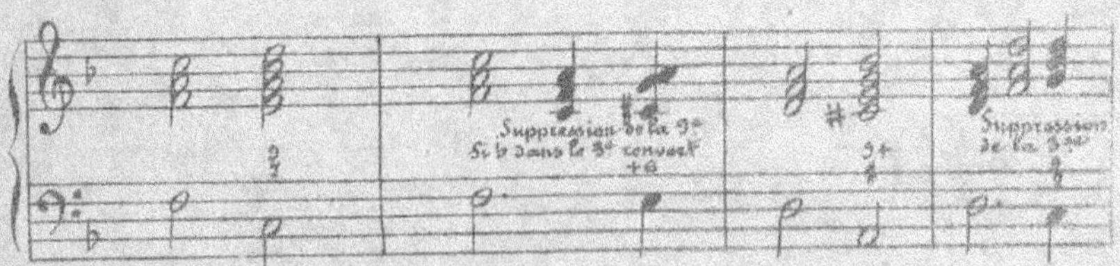

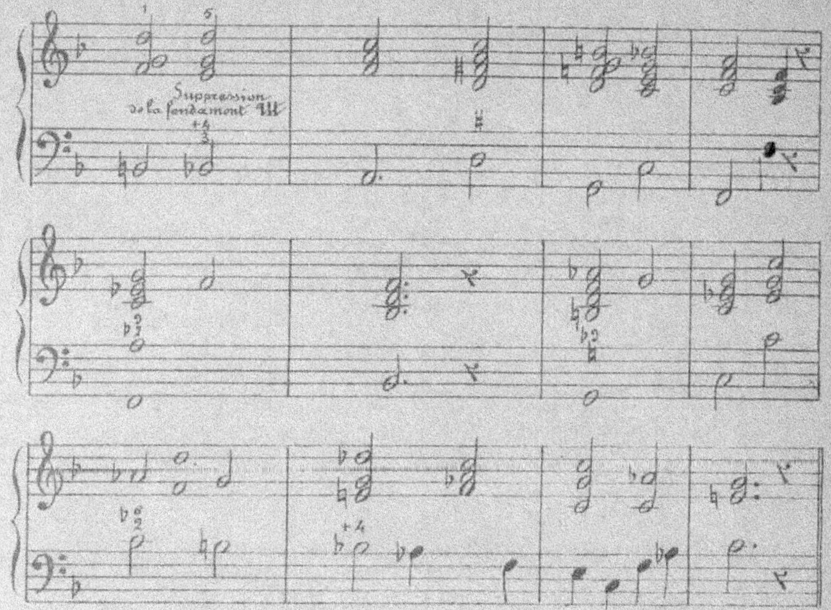

2. Chiffrage des accords de 9+ et renversements
Raison pour laquelle certains renversements ne gardent pas leur position primitive

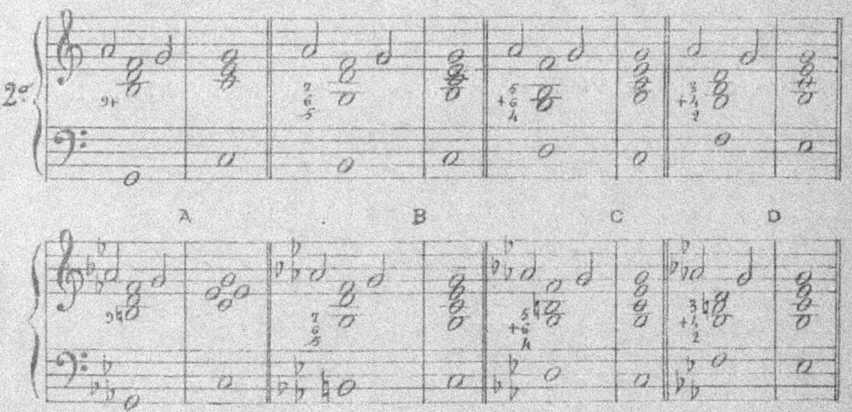

Le premier renversement, B, de l'accord de 9+ des deux notes n'a pas sa position primitive (si, ré, fa, sol, la), mais prend la position (si, sol, ré, fa, la), afin que la fondamentale et la 9e ne se touchent pas en rapport de seconde.

Il en est de même pour les deux autres renversements.

Corrigé des Exercices. — Leçon 12 (Voir P. 33)

1. Formation de l'Accord de Septième de Sensible et de Septième diminuée sur les notes données.

2. Réalisation de la basse, de la formule donnée à exécuter sur le clavier dans son mode majeur, puis à mettre en mineur et à transposer dans différents tons.

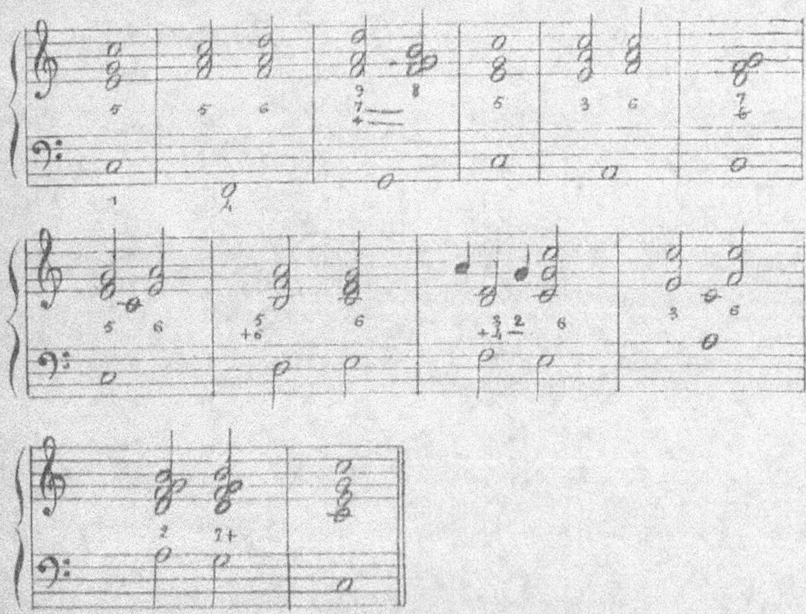

Corrigé de l'Exercice. — Leçon 15e (Voir P. 40)

3. Réalisation de la Basse de marche de Septièmes diminuées.

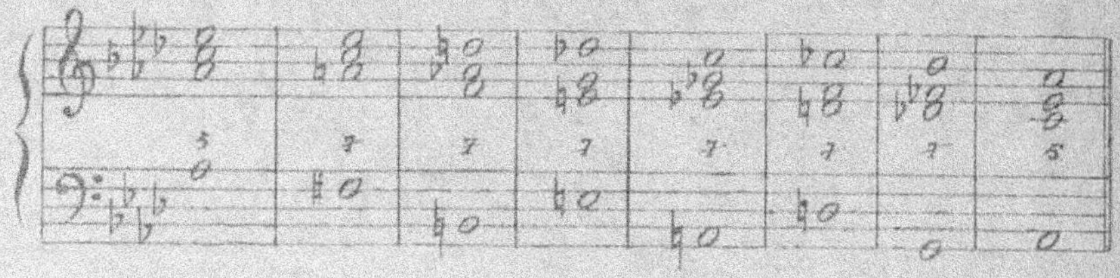

HARMONIE ARTIFICIELLE
LIVRE II, I. PARTIE

ACCORDS ARTIFICIELS RÉSULTANT DE PROCÉDÉS
purement Harmoniques

ACCORDS AVEC PROLONGATION

Corrigé des Exercices. — Leçon 17e (Voyez P. 57)

CHIFFRAGE DES ACCORDS DE SEPTIÈME MAJEURE
et de 7e mineure donnés

4. Réalisation des basses données, état direct.

Observation. — Le mode de chiffrage adopté pour les accords artificiels de Septième a l'inconvénient de désigner par le même chiffre les accords majeurs et les accords mineurs; c'est pourquoi l'on prend soin de mettre à côté de ces chiffres les altérations qui indiquent la modification de la Septième ou de la Tierce.

RÉALISATION D'ACCORDS PAR PROLONGATION A L'ÉTAT RENVERSÉ
sur les Basses données

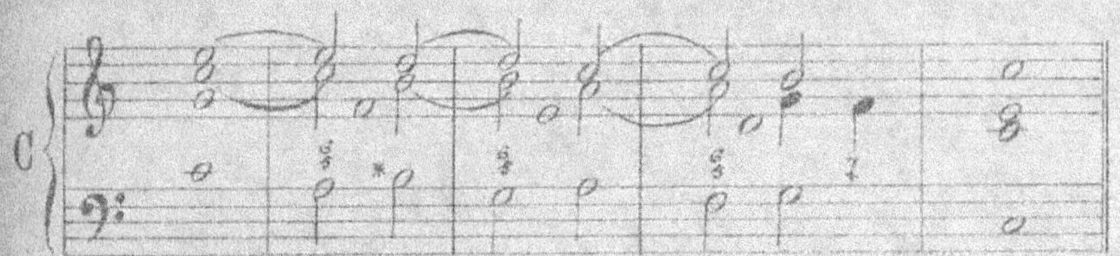

* Le second accord de cette seconde mesure ne saurait être un accord de 7ᵐᵉ a raison des Octaves cachées qui résulteraient de la résolution de la 7ᵐᵉ.

Corrigé des Exercices. — Leçon 18e (Voyez P. 61)

MARCHES D'HARMONIE AVEC ACCORD DE PROLONGATION

1. Chiffrage et analyse des marches suivantes.

Marche d'harmonie ou progressions par Quarte ascendante et Quinte descendante. La basse montant de Quarte et descendant de Quinte permet l'emploi de la Septième sur chaque accord.

Même mouvement de basse que ci-dessus. La dissonance naît de la prolongation de la Tierce de l'accord précédent et se résout sur la Tierce de l'accord suivant. Cette résolution devient à son tour préparation et ainsi de suite.

2. Réalisation des Marches suivantes avec désignation des Modèles et des Progressions.

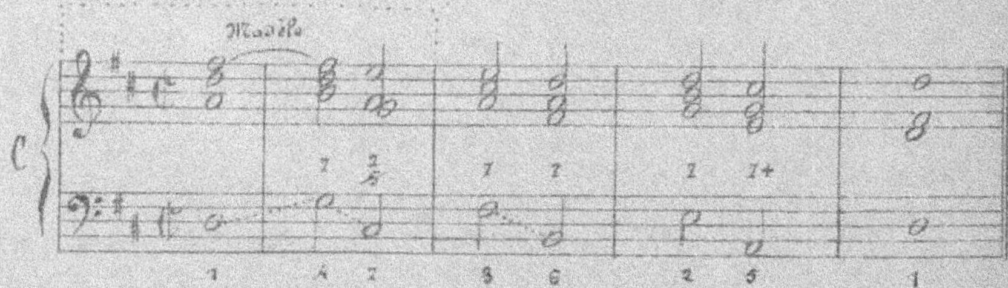

3. Chiffrage et Réalisation des basses données.

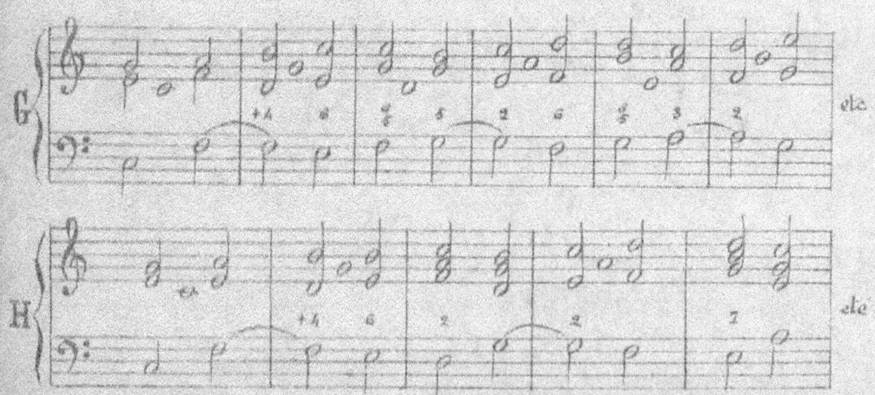

Corrigé des Exercices. — Leçon 19? (Voyez P. 65)
relatifs au Retard ou Suspension

1. Chiffrage et analyse des Accords suivants.

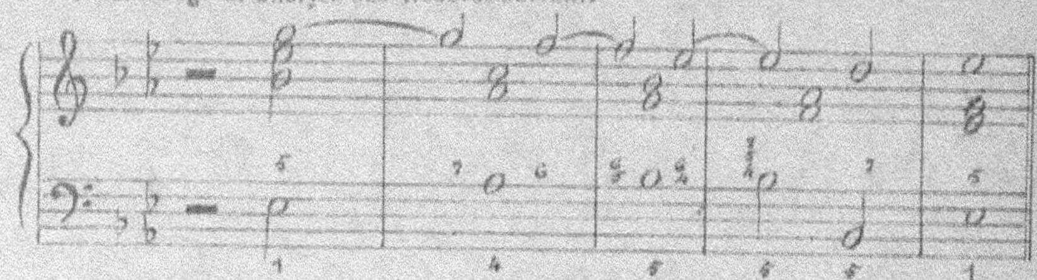

Dissonance de 7e résolue sur l'accord qui la contient.

Dissonance de 7e préparée par la Tierce.

Corrigé de l'Exercice. Leçon 20e (Voyez P. 68)

SUR LE RETARD DE LA FONDAMENTALE DE L'ACCORD PARFAIT

et la différence entre Prolongation et Suspension

1. Réalisation de la formule contenant le Retard de la fondamentale dans les différentes formes de l'Accord.

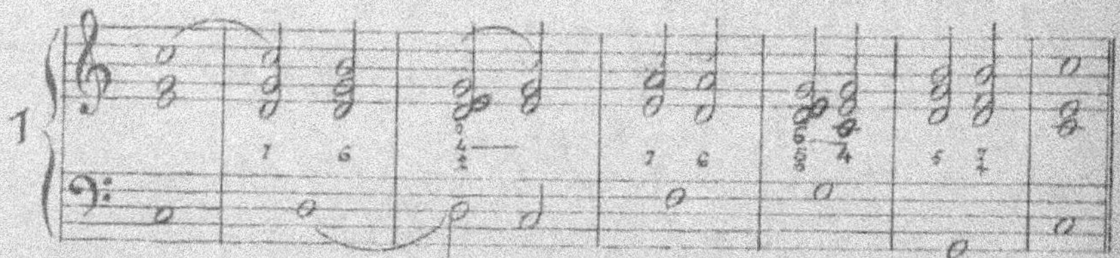

2. Distinguer les Accords de Suspension de ceux de Prolongation.

ACCORDS PAR PROLONGATION

Corrigé des Exercices. — Leçon 21ᵉ (Voyez P. 69)

Retard des notes intégrantes de l'Accord parfait majeur
ou mineur   et de Quinte diminuée

1ᵉ PARTIE
ACCORD PARFAIT MINEUR

ACCORD PARFAIT MAJEUR
direct

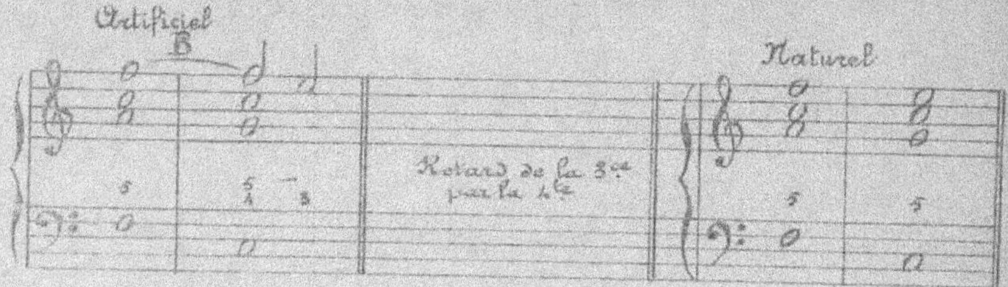

ACCORD MIXTE OU DE QUINTE DIMINUÉE
direct

ACCORD PARFAIT MAJEUR. — 1er RENVERSEMENT
ou Accord de Sixte

ACCORD PARFAIT MINEUR. — 1er RENVERSEMENT
ou Accord de Sixte

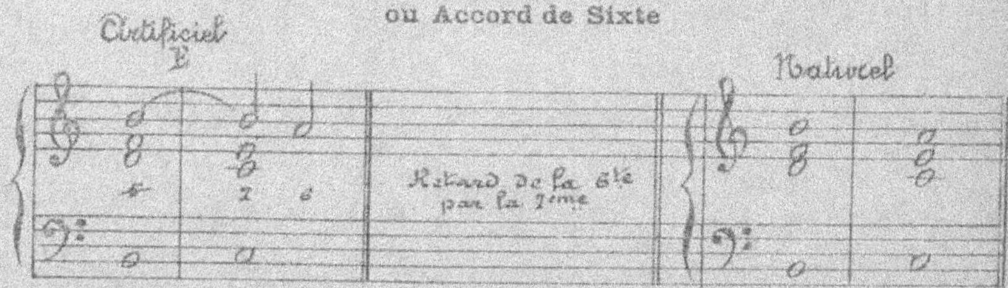

ACCORD DE QUINTE DIMINUÉE. — 1ᵉʳ RENVERSEMENT
ou Accord de +6

ACCORD PARFAIT MAJEUR — 1ᵉʳ RENVERSEMENT
ou Accord de 6

ACCORD PARFAIT MINEUR. — 1ᵉʳ RENVERSEMENT

ACCORD DE QUINTE DIMINUÉE. — 1ᵉʳ RENVERSEMENT

ACCORD PARFAIT MAJEUR
2ᵉ Renversement ou Accord de 6/4

ACCORD PARFAIT MAJEUR

Corrigé des Exercices. — Leçon 21ᵉ suite. (Voyez P. 71)

SUR LE RETARD

2. Réalisation en Ut majeur de la formule à jouer.

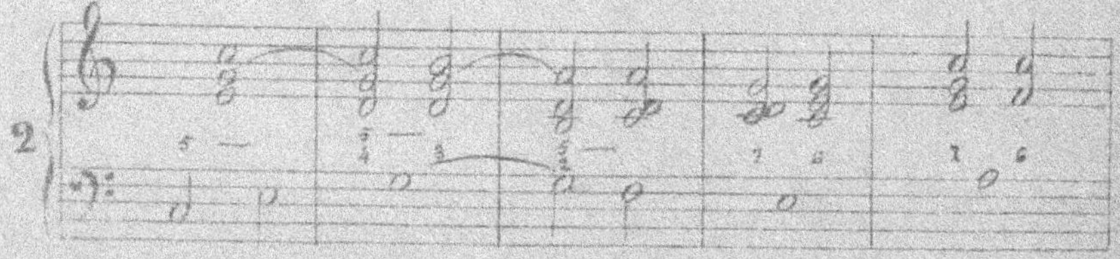

(A) Réalisation de la Basse avec les Accords naturels

(B) Introduction du Retard de la Tierce
Accords Artificiels

Corrigé de l'Exercice — Leçon 22e (Voyez P. 73)

Sur le Retard des notes intégrantes de l'Harmonie dissonante naturelle. — Réalisation dans le ton Ut majeur de la formule d'accompagnement donnée

HARMONIE ARTIFICIELLE
IIᵉ PARTIE
ARTIFICES MIXTES

Corrigé des Exercices. — Leçon 23ᵉ (Voyez P. 83)

CHIFFRAGE DES ACCORDS ET DÉSIGNATION DES ANTICIPATIONS

Corrigé de l'Exercice. — Leçon 24ᵉ (Voyez P. 87)

DÉSIGNATION DES SYNCOPES DU MORCEAU SUIVANT

Corrigé des Exercices. — Leçon 25ᵉ. (V. P. 92)

I   DÉSIGNATION DES PÉDALES

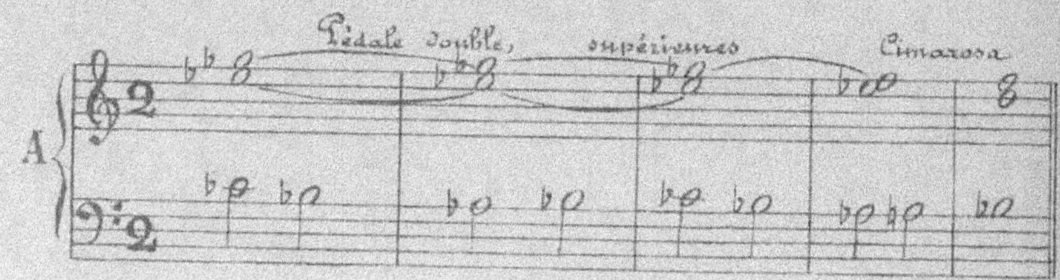

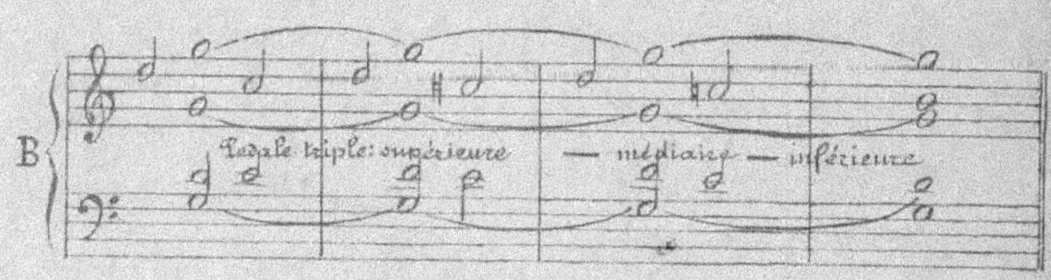

(2) Realisation des Accords sur la Pédale inférieure chiffrée

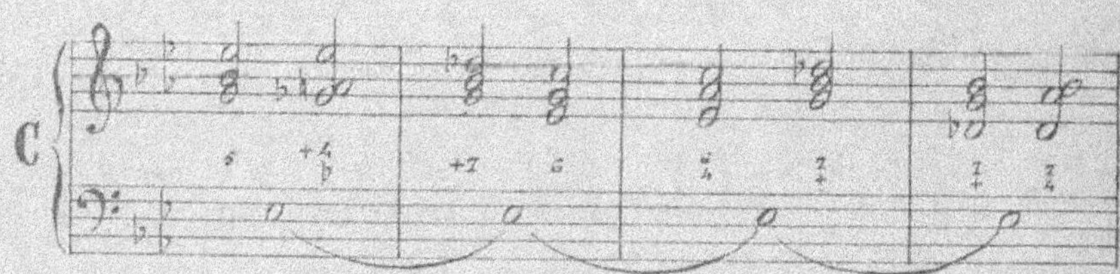

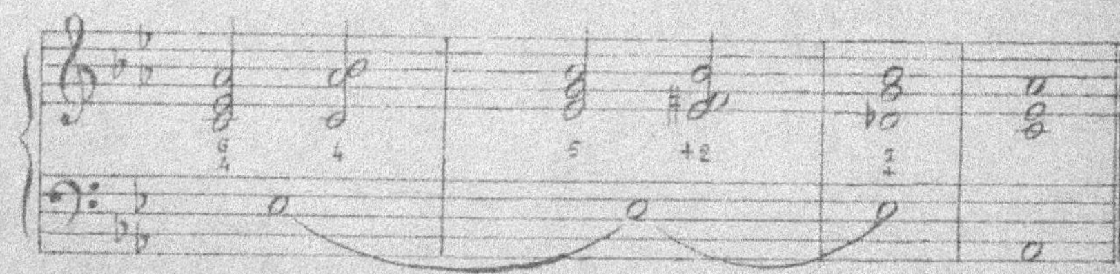

RÉALISATION DE LA BASSE CHIFFRÉE
avec Pédale supérieure de Tonique

RÉALISATION DES ACCORDS
sur la Pédale double, Tonique et Dominante, chiffrée

EMPLOI DE LA PÉDALE SUPÉRIEURE SUR LA BASSE DONNÉE
3 voix

EMPLOI DE LA PÉDALE MÉDIAIRE SUR LA BASSE DONNÉE
3 voix

EMPLOI DE LA PÉDALE INFÉRIEURE SUR LA BASSE DONNÉE

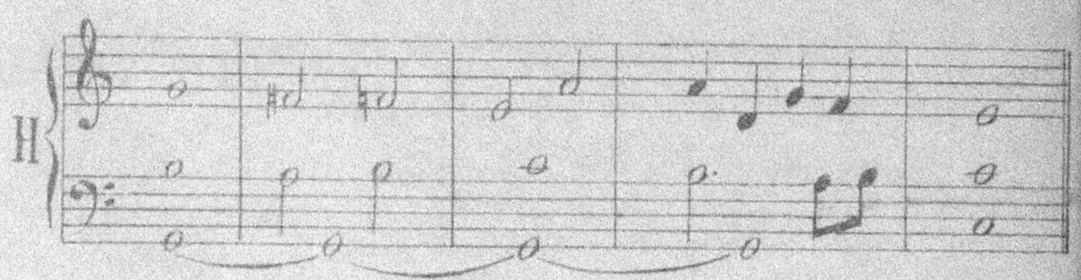

EMPLOI DE LA PÉDALE DOUBLE DE TONIQUE ET DE DOMINANTE
dans l'Exercice ci-dessus

RÉALISATION DES BASSES N.º 4. — SUR LES ALTÉRATIONS

APPENDICE

Notes étrangères à l'Harmonie naturelle
ET A L'HARMONIE ARTIFICIELLE
dites Ornements ou Artifices mélodiques.

Corrigé de l'Exercice.— Leçon 28e (Voyez P. 111)

1. DÉSIGNATION DES NOTES DE PASSAGE DES MÉLODIES SUIVANTES

Corrigé. — Réalisation des Exercices. — Leçon 32e (Voyez P. 122.)

3 . BASSE FLEURIE SOUS LE CHANT DONNÉ

CHANT FLEURI SUR LA BASSE DONNÉE
(suite)

La réalisation des deux derniers exercices peut suffire pour donner une idée du *Contrepoint fleuri* qui n'est autre chose, nous l'avons dit, qu'une harmonie élémentaire ornée de quelques notes de passage, sons étrangers à l'harmonie consonante.

Le mot *Contrepoint*, c'est-à-dire *point contre point* ou *note contre note*, a été pendant longtemps seul employé pour désigner l'art de faire concorder les sons. Il était synonyme d'harmonie; son emploi comportait l'application des règles et des procédés que nous avons donnés dans ce cours. Il a produit des pièces d'un caractère simple et sévère, mais d'un style pur et d'un goût ordinairement irréprochable, telles qu'on en trouve dans les œuvres des Anciens.

Aujourd'hui généralement le mot *Contrepoint* a un sens plus étendu : il désigne l'harmonie *renversable*, genre de composition moins sévère et plus libre, dont les différentes successions mélodiques peuvent faire entre elles un échange de voix, c'est-à-dire être transposées de telle sorte que le chant des parties supérieures ou aigües passe dans les partie intérieures ou graves, et que toutes ces mélodies puissent être prises pour basse l'une de l'autre.

Ainsi entendu, le Contrepoint est le complément de l'harmonie, l'étude qui doit lui faire suite, et l'art qui lui donne tout son développement.

FIN

TABLE DES MATIÈRES

TOME II

HARMONIE DISSONANTE

LIVRE I
DEUXIÈME PARTIE
ACCORDS DISSONANTS NATURELS

1re LEÇON

2e LEÇON

3e LEÇON

4e LEÇON

CONCLUSION DU LIVRE I

HARMONIE ARTIFICIELLE
LIVRE II

PREMIÉRE PARTIE
ACCORDS ARTIFICIELS RÉSULTANT DE PROCÉDES PUREMENT HARMONIQUES

16, LEÇON

17e LEÇON

18e LEÇON

19. LEÇON

APPENDICE

CONCLUSION

RÉALISATION
ET CORRIGÉ DES EXERCICES DE L'HARMONIE
DISSONANTE NATURELLE

HARMONIE ARTIFICIELLE. — LIVRE II
1e PARTIE
Accords Artificiels résultant de Procédés purement harmoniques
Accords avec Prolongation

HARMONIE ARTIFICIELLE.— LIVRE II

2 PARTIE

— Artifices Mixtes —

APPENDICE

Notes étrangéres à l'Harmonie naturelle et a l'Harmonie artificielle dites Ornements ou Artifices mélodiques

TABLE ALPHABÉTIQUE

DES MATIÈRES DE L'HARMONIE DISSONANTE.— TOME II

H

M

N

P

Q

R

S

Imprimerie MACABET, Villefca (Vaucluse)